高等职业教育汽车类专业创新教材

汽车发动机构造原理与检修

（彩色版配实训工单）

主　编　喻怀斌　梁郑岳

副主编　李大勇　彭　军　谢伟钢

参　编　朱方闻　包志敏　罗帝焚
　　　　贺仕伟　杨玉好　袁国伦

扫一扫

随书资源

机械工业出版社

本书主要内容包括：汽车与汽车维修的认知、曲柄连杆机构的结构与检修、配气机构的结构与检修、燃料供给系统的工作原理与检修、点火系统的工作原理与检修、润滑系统的工作原理与检修、冷却系统的工作原理与检修。书中详细讲解了目前发动机新技术中的可变配气相位、缸内直接喷射、宽频氧传感器和可变排量机油泵、柴油发动机电控系统、交流低压燃油泵、电子节温器等。

为了能让学生更轻松、更形象地理解汽车发动机的工作原理和检修技术，本书配置了大量的彩图来展示汽车发动机的构造原理和检修方法，学生只要看懂图片就能明白发动机零部件实物的结构和具体零部件的检修方法。

本书配有PPT教学课件、视频等资源，可以作为中高职院校汽车专业教材，也可以供汽车维修技工学习参考或作为培训教材使用。

图书在版编目（CIP）数据

汽车发动机构造原理与检修：彩色版配实训工单 / 喻怀斌，梁郑岳主编. -- 北京：机械工业出版社，2024.12. --（高等职业教育汽车类专业创新教材）.
ISBN 978-7-111-77432-7

Ⅰ. U472.43

中国国家版本馆CIP数据核字第202523SE21号

机械工业出版社（北京市百万庄大街22号　邮政编码100037）
策划编辑：齐福江　　　　　责任编辑：齐福江　丁　锋
责任校对：张亚楠　薄萌钰　封面设计：张　静
责任印制：任维东
河北宝昌佳彩印刷有限公司印刷
2025年5月第1版第1次印刷
184mm×260mm・13.75印张・282千字
标准书号：ISBN 978-7-111-77432-7
定价：55.00元（含实训工单）

电话服务　　　　　　　　网络服务
客服电话：010-88361066　机　工　官　网：www.cmpbook.com
　　　　　010-88379833　机　工　官　博：weibo.com/cmp1952
　　　　　010-68326294　金　书　网：www.golden-book.com
封底无防伪标均为盗版　　机工教育服务网：www.cmpedu.com

Preface 前 言

党的二十大报告提出"办好人民满意的教育""深化教育领域综合改革,加强教材建设和管理"。教育部《"十四五"职业教育规划教材建设实施方案》也提出支持建设新兴专业教材。电动汽车是目前新能源汽车的主流,由于新能源汽车的迅猛发展,也需要迫切建设相关的教材。

汽车发动机构造原理与检修是汽车维修类专业的一门核心课程,学好此课程对后续课程的学习有很大的影响,对汽车相关专业学生职业发展有重要意义。市面上很多教材是黑白印刷,图看不清,线条图看不明白,内容针对性不强,大大影响学生们的学习兴趣和学习效果。为了培养具有扎实专业技术基础理论知识,熟练基本操作技能和技巧,掌握现代汽车的维修工艺及先进的汽车检测与诊断技术的技能型人才,我们特编写了本书。

专业知识的系统性对于学习者非常重要,本书在将内容项目任务化的同时,保留了汽车发动机知识的系统性,为读者将来排除汽车发动机故障夯实基础。为了让初学者掌握汽车发动机的结构和原理,以及各个系统中总成及元件的维修方法,本书对各个任务涉及的总成或元件的工作原理和结构,以及各个总成或元件的维修方法,进行了详尽的阐述。由于车辆结构的不同,各个总成或元件的拆卸、分解、安装步骤和方法各异,但总的来说是有规律可循的,因此本书对各系统的拆卸、分解、安装的步骤和方法进行了概括,将涉及拆装过程的注意事项进行了重点介绍,以便初学者掌握发动机各个总成的工作原理和维修方法。

本书由内江职业技术学院喻怀斌,广西机电职业技术学院梁郑岳任主编,重庆海联职业技术学院李大勇,贵州电子科技职业学院彭军,深圳市龙岗职业技术学校谢伟钢任副主编,参编人员还有深圳市第二职业技术学校朱方闻,红河州职业技术学院包志敏,深圳市携创高级技工学校罗帝焚,雅安职业技术学院贺仕伟、杨玉好、袁国伦。

特别感谢广州合赢教育科技股份有限公司为本书提供了大量的视频。编写此书时参考了大量的网站、书籍和期刊等资料,在此对广大同仁致以敬意。

Contents 目 录

前 言

项目一　汽车与汽车维修的认知 / 001

学习任务一　汽车的认知 / 001
一、不同类型汽车的认知 / 001
二、汽车的组成部分认知 / 004

学习任务二　发动机基本结构的认知 / 005
一、不同类型的发动机的认知 / 005
二、发动机的基本术语 / 007
三、发动机的基本原理 / 009
四、发动机的组成 / 010

学习任务三　汽车维修的认知 / 011
一、汽车维修的定义 / 011
二、汽车机械拆装的注意事项 / 011
三、量具使用的注意事项 / 014
四、检测汽车电路的注意事项 / 016

项目二　曲柄连杆机构的结构与检修 / 021

学习任务一　机体组的结构与检修 / 021
一、机体组的结构 / 021
二、机体组拆卸和安装注意事项 / 026
三、机体组的检修 / 028

学习任务二　活塞连杆组的结构与检修 / 032
一、活塞连杆组的结构 / 032
二、活塞连杆组拆卸和安装注意事项 / 036
三、活塞连杆组的检修 / 038

学习任务三　曲轴飞轮组的结构与检修 / 040
一、曲轴飞轮组的结构 / 040
二、曲轴飞轮组的拆卸和安装 / 044
三、曲轴飞轮组的检修 / 045

项目三　配气机构的结构与检修 / 050

学习任务一　气门传动组的结构与检修 / 050
一、气门传动组的结构 / 050
二、气门传动组的拆卸和安装注意事项 / 054
三、气门传动组的检查 / 055

学习任务二　气门组的结构与检修 / 058
一、气门组的结构 / 058
二、气门组的拆卸和安装注意事项 / 060
三、气门组的检修 / 061

学习任务三　配气相位和可变气门正时的原理和检修 / 066
一、配气相位的原理和检修 / 066
二、可变气门正时控制系统的原理和检修 / 067
三、可变气门升程控制系统的原理和检修 / 072

项目四　燃料供给系统的工作原理与检修 / 076

学习任务一　空气供给系统的结构与检修 / 076
一、发动机空气供给系统 / 076
二、发动机空气系统的拆装注意事项 / 080
三、发动机空气系统的检修 / 081

目录

学习任务二　燃油供给系统的工作原理与检修 / 081
　　一、燃油供给系统的工作原理 / 082
　　二、燃油供给系统拆装注意事项 / 085
　　三、燃油供给系统的检修 / 086

学习任务三　电控系统的工作原理与检修 / 089
　　一、电控系统的控制原理 / 089
　　二、电控单元电源电路的检查 / 090
　　三、传感器的功用和检修 / 092
　　四、执行器的工作原理和检查 / 102

学习任务四　废气涡轮增压系统的工作原理与检修 / 107
　　一、废气涡轮增压系统的工作原理 / 107
　　二、废气涡轮增压系统的检修事项 / 109
　　三、废气涡轮增压系统的检修 / 110

学习任务五　缸内喷射电控系统的工作原理与检修 / 113
　　一、缸内喷射电控发动机燃油供给系统的基本原理 / 114
　　二、缸内喷射电控系统传感器的原理和检修 / 115
　　三、缸内喷射电控系统执行器的工作原理和检修 / 118
　　四、柴油缸内喷射发动机燃油供给系统 / 123

项目五　点火系统的工作原理与检修 / 125

学习任务一　点火系统的认知 / 125
　　一、点火系统的作用 / 125
　　二、点火系统的工作原理 / 125
　　三、对点火系统的要求 / 127
　　四、点火提前角的检查 / 128

学习任务二　点火系统的组成与检修 / 129
　　一、火花塞的工作原理与检修 / 129
　　二、点火线圈的工作原理与检修 / 132
　　三、曲轴位置传感器的工作原理与检修 / 134
　　四、爆燃传感器的工作原理与检修 / 135
　　五、点火控制模块的检查 / 137

项目六　润滑系统的工作原理与检修 / 139

学习任务一　润滑系统的工作原理 / 139
　　一、润滑系统的功能 / 139
　　二、润滑方式 / 139
　　三、润滑油路 / 140
　　四、发动机机油 / 141

学习任务二　润滑系统的组成与检修 / 142
　　一、机油泵的结构与检修 / 142
　　二、限压阀的工作原理和检修 / 145
　　三、机油滤清器的原理和更换 / 146
　　四、润滑系统的其他元件 / 147
　　五、曲轴箱通风装置 / 148

项目七　冷却系统的工作原理与检修 / 153

学习任务一　冷却系统的工作原理 / 153
　　一、冷却系统的功能 / 153
　　二、冷却系统的工作原理 / 154
　　三、冷却液 / 154

学习任务二　冷却系统的组成与检修 / 156
　　一、冷却系统的组成 / 156
　　二、冷却系统的拆装注意事项 / 159
　　三、冷却系统的检修 / 159

参考文献 / 163

项目一
汽车与汽车维修的认知

学习任务一　汽车的认知

一、不同类型汽车的认知

1. 按车辆用途分类

汽车是由动力驱动,具有四个或四个以上车轮的非轨道承载的车辆。现代汽车的类型较多,目前国家标准将汽车主要分为乘用车和商用车。

乘用车主要用于载运乘客及其随身行李,其座位包含驾驶人位在内应少于九座。乘用车包括普通乘用车、活顶乘用车、高级乘用车、小型乘用车、敞篷车、仓背乘用车、旅行车、多用途乘用车等,前六者也可称为轿车。

不同车型对车身、车门、车顶等有不同要求。如图1-1所示,普通乘用车采用封闭式车身,采用固定式硬顶车顶,有的顶盖一部分可开启。汽车座位至少有两排,座位数量是4个或4个以上,后座椅可折叠或移动,以形成装载空间。有2个或4个侧门,可有一后启门。

小课堂: 中汽协整理的海关总署数据显示,2024年上半年我国汽车整车出口量为283万辆,同比增长26%;而日本汽车工业协会发布的同一时期的日本汽车出口量为201万辆。中国半年度汽车出口量再次超过日本,为全球第一。

图1-1　乘用车

常见的多用途乘用车包括SUV(运动型多用途汽车)和MPV(多用途汽车)。SUV外形较大,它是运动型多功能车,一般称之为城市越野车,图1-2所示的SUV是既有轿车的舒适性，又具有越野车通过性的车型。SUV驾驶室和行李舱连通在一起，乘坐空间较大，无论在前排还是后排，乘者都可以宽裕地坐在车里。SUV一般都有行李架，便于携带自行车等物品。

SUV车身底板离地间隙高，驾驶坐姿比较高，接近角和离去角大，通过性好，动力强劲。但SUV体型较大，所以风阻大，SUV选用轮胎其阻力也大于普通轮胎，所以SUV油耗高于普通轿车。

> 行李架上需放置物品时，还需配置行李架横杆，然后将横杆固定在行李筐或车顶行李架上，以便安装牢固运载的物品。

图1-2 运动多用途汽车

MPV是多用途汽车，如图1-3所示，MPV一般为两厢车的结构，包括驾驶室和发动机舱。MPV是从旅行轿车逐渐演变而来的，它集旅行车的宽大乘员空间、轿车的舒适性和厢式货车功能于一身。例如，别克GL8 2017款28T车身长度为5203mm，第二排座椅更配备了豪华的贵宾级豪华座椅，电动滑移门还可以遥控开启，方便第二排乘客出入。

MPV一般直接采用轿车的底盘（包括变速器和悬架等）、发动机，因而具有和轿车相近的外形和同样的驾驶感、乘坐舒适感。MPV拥有一个完整的宽大乘员空间，座椅多组合功能，它在内部结构上具有很大的灵活性，使车辆既可载人又可载货，这也是MPV最具吸引力的地方。MPV通常外形美观，设计者往往在车身装饰条、前后车灯、轮胎、车门把手等处展现车身美观亮点。

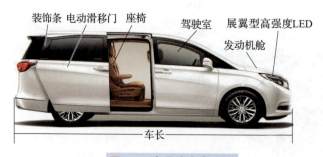

图1-3 多用途汽车GL8

商用车在设计和技术特征上是用于运送人员和货物的汽车，具体包括客车、货车、半挂车等。客车可以分为小型客车、城市客车、长途客车、旅游客车等，货车可以分为普通货车、多用途货车、专用货车等。

人们习惯将多用途货车称之为皮卡或轿卡,如图 1-4 所示,这种多用途货车用于载运货物,同时又能运送 3 个以上乘客。多用途货车车身离地间隙高,为了上下车方便,采用了外置的门槛。多用途货车常采用四轮驱动来改善车辆的通过性能。相比于轿车,多用途货车有承载性和通过性好的优点,相比于轻、微型货车,多用途货车有安全性和驾乘舒适性好的优点。

图 1-4 多用途货车

2. 轿车按轴距和排量分类

很多轿车采用断开式前轴和后轴,断开式车轴由副车架、摆臂等组成。轴距是汽车前轴中心到后轴中心的距离,如图 1-5 所示。轴距是影响乘坐空间最重要的因素,轴距的长短对轿车的舒适性、操纵稳定性影响很大。

一般而言,轿车级别越高轴距越长。德国汽车根据汽车轴距、发动机排量等参数分级,分为 A、B、C、D 四个等级,A 级车包括 A0、A00 级车,各车型分别称之为微型车、小型车、紧凑型车等,见表 1-1。

图 1-5 轴距

表 1-1 轿车按轴距和排量分类

序号	轴距	排量	分类	车型	代表车型
1	<2400mm	<1L	A00 级	微型车	奇瑞 QQ、比亚迪 F0
2	2400~2550mm	1L~1.6L	A0 级	小型车	丰田威驰、本田飞度
3	2550~2700mm	1.6L~2.0L	A 级	紧凑型车	别克威朗、大众桑塔纳
4	2700~2850mm	2.0L~2.4L	B 级	中型车	奥迪 A5、奔驰 C 级
5	2850~3000mm	2.4L~3.0L	C 级	中大型车	雷克萨斯 ES、宝马 5 系
6	>3000mm	>3.0L	D 级	豪华车	奥迪 A8、奔驰 S 级

二 汽车的组成部分认知

如图 1-6 所示，燃气汽车都是由发动机、底盘、电气设备和车身组成，电动汽车用电机代替发动机。发动机是汽车的"心脏"，为汽车提供动力；底盘是汽车的"手脚"，保证正常行驶；车身是汽车"身体骨架"，承受各种负荷；电气是汽车的神经，用于汽车处理、传递信息。

图 1-6 汽车的组成

1. 发动机

汽车会跑的动力来自于发动机，在密封的汽油发动机气缸内，火花塞适时点燃混合气，混合气燃烧就会产生一个巨大的爆发力，迫使活塞向下运动，活塞通过连杆推动曲轴，再通过一系列机构把动力传到驱动轮上，最终推动汽车，让汽车能够"跑起来"。

发动机前端传动带轮用传动带将动力传给以下装置：传给发电机，给蓄电池充电和用电器供电；传给空调压缩机，用于空调制冷；有些发动机前端传动带轮还带动水泵、冷却风扇和转向助力泵等。发动机产生热量，为汽车暖气提供热源，通过水管将热量带入车厢；发动机活塞下行产生真空，很多汽车利用发动机真空来帮助驾驶人踩下制动踏板。

2. 底盘

汽车底盘由传动系统、行驶系统、转向系统和制动系统四部分组成。底盘作用是支撑、安装汽车发动机及其各部件、总成，成形汽车的整体造型，并接受发动机的动力，使汽车产生运动，保证正常行驶。

3. 电气设备

电气设备是汽车的神经系统，保证车辆在行驶过程中的可靠性、安全性和舒适性。电气设备主要包括电源系统、配电装置和用电设备，电气设备又可以分为起动系统、点火系统、照明系统等，电源系统包括蓄电池和发电机等，配电装置包括配电盒和熔断器等。

4. 车身

汽车车身主要包括车身壳体、门窗、前后钣金件、车身附件、内外装饰件、座椅等装置。车身壳体是车身零部件的安装基础，由纵梁、横梁和支柱等主要承力零件和相连钣件构成。

按车身壳体的受力情况或车身有无车架可以分为承载式车身和非承载式车身。一般轿车采用承载式车身，承载式车身没有刚性的车架，可以减少整车质量，车身就作为发动机和底盘各总成的安装基体，车身代替车架承受全部载荷。

轿车车身尾部会张贴汽车型号等标识。国产汽车产品型号编码包括首部、中部和尾部三部分，轿车型号编码通常在行李舱盖上，如图1-7所示。首部是企业名称代号，用代表企业名称的两个或三个汉语拼音字母表示。

中部由四位阿拉伯数字组成。第一位数字代表该车的类型，1代表货车，2代表越野车，6代表客车，7代表轿车；第二、三位代表各类汽车的主要特征参数，载货汽车表示汽车总质量，客车表示汽车总长度，轿车表示汽车排量；末尾数字为企业自定序号。

尾部由拼音字母或加上数字组成，可以表示专用汽车或变型车和基本型的区别，如X代表厢式汽车。

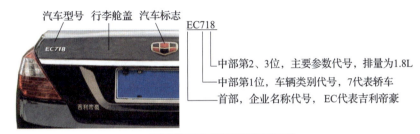

图1-7 国产汽车型号编码

学习任务二　发动机基本结构的认知

一、不同类型的发动机的认知

目前汽车上常用的是四冲程往复活塞式、水冷、直列或V型发动机。发动机按使用燃料、燃油喷射位置、气缸排列方式等分为不同的形式。

1. 根据发动机使用燃料不同分类

根据发动机使用燃料不同，可以分为汽油发动机、柴油发动机、液化石油气发动机等。汽油发动机是目前小型车的主流，汽油发动机其特征是体积小、质量小、转速高。

柴油发动机主要应用在大众、奥迪等品牌的轿车上，但其广泛应用于大中客车和货车。如图1-8所示，柴油发动机有一个专用的高压油泵，能够将柴油建立起很高的压力，然后通过高压油管及喷油器将柴油压

图1-8 柴油发动机

入气缸中，柴油与空气混合后被压燃。

2. 根据燃油喷射位置不同分类

根据燃油进入气缸位置的不同，汽油发动机又可以分为进气歧管喷油式和缸内直接喷油式。进气歧管喷油式是将汽油喷在气缸外的进气歧管内。进气歧管喷油式是在每个气缸设置一个喷油器，如图1-9所示，各个喷油器分别向各气缸进气道（进气管前方）喷油。

缸内直接喷油式比进气歧管喷油式先进，目前已经在汽油发动机上普遍采用。如图1-10所示，这种发动机喷油器直接将汽油喷入气缸，其喷射方式有利于汽油的雾化，燃烧效率更高，因此，提升了发动机动力、油耗等性能。很多汽车尾部标识"FSi""TSi"等都表示采用了缸内喷射发动机。

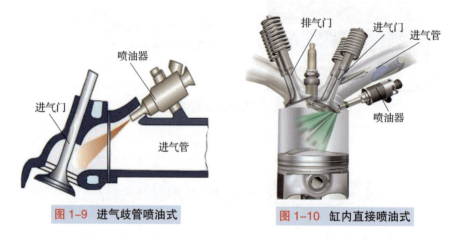

图1-9 进气歧管喷油式　　图1-10 缸内直接喷油式

双喷射系统是在缸内直喷的基础上，在进气歧管一侧增加了传统的低压多点喷射系统，如图1-11所示，采用双喷射系统的发动机拥有进气歧管喷油式的低压喷油器和缸内喷油式的高压喷油器。燃油系统根据发动机的不同工况采用合适的喷射方式，这样可以有效降低发动机的噪声，提高发动机的动力性和经济性，降低二氧化碳与炭烟排放，满足更

图1-11 双喷射系统

高的排放标准。

3. 根据气缸排列方式分类

发动机型号不同,气缸数目和排列方式也不同。按气缸排列方式的不同,发动机可以分为直列(L型)发动机、V型发动机、W型发动机、水平对置发动机等,前两种发动机在轿车上得到普遍使用,后两种发动机使用较少。

如图1-12所示,直列发动机所有气缸排列成一排,一般为四缸或六缸,直列四缸发动机只有一个气缸盖。这种发动机性能稳定,成本低,结构简单,运转平衡性好,而且体积小。但当排气量和气缸数增加时,发动机的长度将大大增加。

如图1-13所示,V型发动机将所有气缸排成两排,从侧面看像V字型,两列气缸夹角一般为90°。V型发动机高度和长度都较小,这样可以使得发动机盖更低一些,满足空气动力学的要求。V型发动机的气缸成一个角度对向布置,这样可以抵消一部分振动,但必须使用两个气缸盖,结构相对复杂。

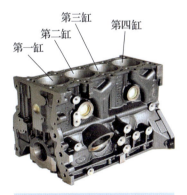

图1-12 直列四缸发动机气缸

图1-13 V型发动机气缸

技师引导 六缸V型发动机做功顺序有多种,丰田锐志3GR-FE发动机以曲轴传动带盘为前,右列气缸排序为1、3、5,左列气缸排序为2、4、6,其做功顺序为1-2-3-4-5-6。V型八缸发动机一般面向发动机的功率输出端,左手边的第一缸为1缸,右手边为5缸,其余依次编号。

二 发动机的基本术语

1. 上止点和下止点

如图1-14所示,活塞顶到达远离曲轴回转中心最远处,即上止点。通常发动机上止点就是活塞运行的最高处。下止点是指活塞顶离曲轴回转中心最近处。通常发动机下止点就是活塞运行的最低处。

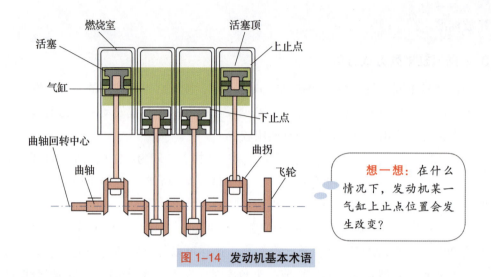

图 1-14 发动机基本术语

想一想：在什么情况下，发动机某一气缸上止点位置会发生改变？

2. 冲程和行程

冲程是活塞移动的过程，发动机的活塞从一个极限位置到另一个极限位置的距离称为一个冲程。活塞行程是上、下止点间的距离，曲轴回转一周，活塞移动两个行程。一般直列发动机活塞行程较长，V型发动机活塞行程较短。

3. 燃烧室和气缸工作容积

如图 1-15 所示，气缸内可以分成"一室一厅"，上止点上部的活塞顶面和气缸盖底面以下所形成的空间称为燃烧室。在上、下止点间的气缸容积所形成的"厅"，就是气缸工作容积。

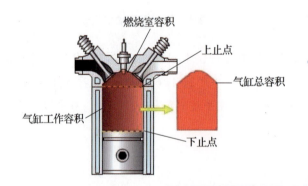

图 1-15 气缸工作容积和总容积

很多燃油乘用车将排量张贴于汽车尾部，例如，大众宝来汽车尾部的"1.6"，代表其发动机排量为1.6L。目前，部分乘用车尾部不再使用排量的标识，例如，奥迪Q5尾部的"40"是重力加速度值，其数字越大表示加速能力越强。

4. 排量和压缩比

所有气缸工作容积的总和称为排量。"一室一厅"的总面积就是气缸总容积，它指活塞位于下止点时，活塞顶部上方的整个空间。气缸工作容积与燃烧室容积之和为气缸总容积，气缸总容积与燃烧室容积之比称为压缩比。通常汽油机的压缩比为6~10，柴油机的压缩比较高,一般为16~22。压缩比在10以上的发动机称为高压缩比发动机。通常压缩比越大的发动机,其动力性和经济性越好,当然其所需求的汽油标号也越高。

三 发动机的基本原理

汽车发动机普遍采用四冲程,曲轴转动带动活塞上下往复运动,完成进气、压缩、做功和排气四个行程。在做功行程,燃料在发动机内燃烧膨胀产生动能,让发动机"很有劲"。四冲程汽油缸外喷射发动机工作原理如下。

1. 进气行程的工作情况

如图1-16所示,进气行程时,排气门关闭,进气门打开,活塞由曲轴带动从上止点移动到下止点。此时又好比注射器吸液,随着容积变大,产生真空,吸进混合气。缸外喷射发动机将空气和汽油的混合物(即混合气)吸入气缸,并在气缸内进一步混合形成可燃混合气。

2. 压缩行程的工作情况

如图1-17所示,压缩行程好比消化食物的胃,发动机此时对混合气进行压缩,使得混合气压力和温度提高,以便于点燃。压缩行程时,进、排气门都关闭,活塞由曲轴带动从下止点移动到上止点。因为气体在压缩后有温度上升的特性,温度越高越利于燃烧。随着活塞向上移动,空间变小,压力与温度都在升高。

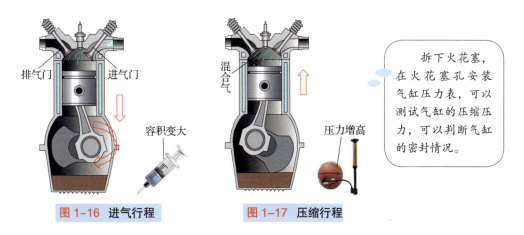

图1-16 进气行程　　图1-17 压缩行程

> 拆下火花塞,在火花塞孔安装气缸压力表,可以测试气缸的压缩压力,可以判断气缸的密封情况。

3. 做功行程的工作情况

如图1-18所示,做功行程就像鞭炮被点燃后发生爆炸,会产生很大的威力。做功行程时,进、排气门关闭形成封闭空间,火花塞适时发出高压电火花,将温度很高的混合气点燃,火焰迅速传播,混合气燃烧后爆发出巨大压力,推动活塞移动使曲轴旋转,产生能驱动车轮的动力。

4. 排气行程的工作情况

如图1-19所示，排气行程开始，排气门开启，进气门关闭，活塞上行，推动废气通过排气门排出。汽车排气管排出的废气是汽车主要污染源，在汽车维修或汽车年检时使用废气分析仪检测的气体就是排气管排出的废气。

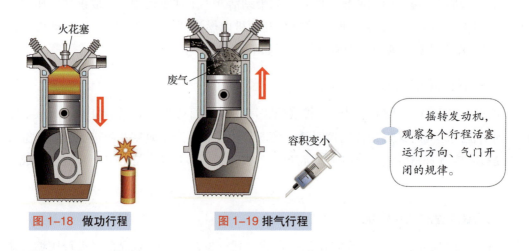

图1-18 做功行程　　　图1-19 排气行程

> 摇转发动机，观察各个行程活塞运行方向、气门开闭的规律。

四 发动机的组成

目前轿车常用的是四冲程、往复活塞式、水冷汽油发动机，发动机常用直列或V型布置方式。发动机是汽车上最复杂的部分，包括两大机构和五大系统。两大机构是曲柄连杆机构和配气机构；五大系统包括点火系统、供给系统、冷却系统、润滑系统和起动系统。

如图1-20所示，曲柄连杆机构是发动机的"躯体"，它是实现工作循环和完成能量转换的主要部分，它主要包括曲轴、活塞、连杆等部件。配气机构是发动机的"肺"，定时开启和关闭进、排气门，实现换气过程，它主要包括正时传动带、凸轮轴、进气门和排气门等部件。

燃料供给系统是发动机的"消化系统"，它将混合气供入气缸，将废气排出车外。润滑系统是发动机的"心血管系统"，它向发动机曲轴等运动零件表面输送润滑机油。冷却系统是发动机的"皮肤"，它将气缸工作时高温零件所吸收的热量及时带走，使发动机保持在正常的温度范围内。点火系统是"胃酸"，适时点燃气缸内"食物"——混合气，从而使混合气燃烧对外做功。起动系统通常归类于汽车电气设备，起动系统通过起动机将蓄电池的电能转换成机械能，起动发动机运转。

图 1-20 发动机的曲柄连杆机构和配气机构

在发动机运转时，身体部位及衣服应远离转动的部件，尤其是风扇和传动带。

学习任务三 汽车维修的认知

一 汽车维修的定义

汽车维修是汽车维护和汽车修理的泛称。汽车维护是为了维持汽车完好技术状况或工作能力而进行的作业，汽车维护包括清洁、检查、补给、润滑、紧固、调整等作业。图 1-21 所示为汽车维护的补给发动机机油作业。汽车修理是为了恢复汽车使用性能而进行的作业，汽车修理包括分解、清洗、检验、修复、装配、调校等作业。

图 1-21 汽车维护的补给机油作业

二 汽车机械拆装的注意事项

1. 拆装作业准备

1）拆卸之前，检查所拆部件密封处是否存在油渍、水渍及漏气现象，如存在密封不良的情况，在拆卸后，需要查明原因。

2）使用工具前，熟悉工具的摆放位置，按图 1-22 所示将工具摆放整齐。使用工具时轻拿轻放，注意爱护工具。使用前后注意清洁工具，使用中注意从工具车上拿下工具使用后，及时放回工具车，做到工具不落地。

3) 将类似图 1-23 所示的机油盘放置在发动机油底壳下面，放掉发动机机油，否则机油可能洒落而造成地面或其他元件脏污，甚至造成人员滑倒而受伤。

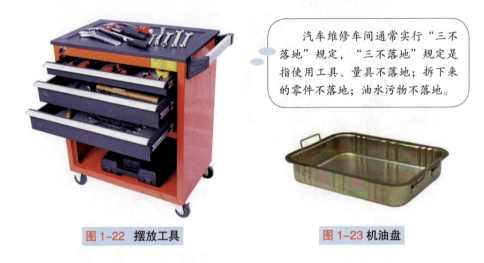

汽车维修车间通常实行"三不落地"规定，"三不落地"规定是指使用工具、量具不落地；拆下来的零件不落地；油水污物不落地。

图 1-22 摆放工具　　　　　　图 1-23 机油盘

2. 拆卸和安装螺栓和螺母的注意事项

1) 拆卸和安装螺栓和螺母时，选择螺栓拧紧工具的一般顺序是六角套筒、梅花套筒、梅花扳手、呆扳手、活扳手，如图 1-24 所示。通常螺栓或螺母需要拧紧到规定力矩，拧紧时需要使用扭力扳手。

拆装螺栓过程中，要防止螺栓松动或断裂，而引起操作人员受伤。在拆装过程中，尽量采用拉动扳手的用力方式，而不采用推动扳手的用力方式。拆装螺栓前，需要佩戴手套保护手指以免受到碰撞伤害。

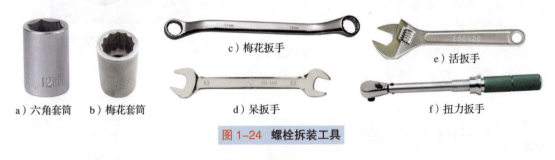

a) 六角套筒　　b) 梅花套筒　　c) 梅花扳手　　d) 呆扳手　　e) 活扳手　　f) 扭力扳手

图 1-24 螺栓拆装工具

2) 为了使螺栓均匀受力，减少零件变形并使零件间配合紧密，拆卸螺栓的时候要对每个螺栓均匀用力，按顺时针或者对角的方向拆装螺栓。

3) 检查螺栓、螺母、螺栓孔等是否损坏。

目测螺栓是否存在弯曲、圆角等损坏。检查各螺栓、螺母及螺栓孔螺纹是否损坏，火花塞安装孔螺纹损坏多余 1 牙，其他螺栓、螺纹孔螺纹损坏不多于 2 牙，可以利用图 1-25 所示的丝锥和板牙进行修复。

3. 拆装时其他注意事项

1）拆卸容易变形或损坏的零部件，不可以使用铁锤敲击，以防止气门室盖或其他部件变形或其他形式的损坏。需要敲击时，可以采用橡胶锤，如图 1-26 所示。

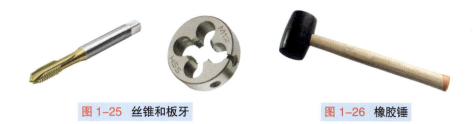

图 1-25　丝锥和板牙　　　　图 1-26　橡胶锤

2）插入螺丝刀撬起气缸盖或其他部件时，小心不要损坏气缸体和气缸盖接触表面。因为螺丝刀材质较硬，撬动铝合金的元部件容易造成损伤，在使用前，在螺丝刀的刃部缠上胶带，如图 1-27 所示。

> 使用螺丝刀、刮刀、尖嘴钳等带有刃部的工具时，刃部不能朝向自己或他人。

图 1-27　螺丝刀刃部

3）安装零部件存在密封平面时，通常需要使用密封胶。密封胶干透需要一定的时间，安装后不可以马上起动；不可以使用过多的密封胶，只可以涂抹薄薄一层，以防止过多的密封胶被挤到发动机内，进而堵塞油道或水道。

4）拆下的垫片和油封必须保留好，用于对比新垫片和油封是否符合要求。

5）拆卸机体组时螺栓或螺母应该放置于图 1-28 所示专用的螺栓盒内，螺栓盒内有很多分格，可以存放不同拆装位置的螺栓或螺母，对于初学者，可以在螺栓盒分格内做好相应的记录。

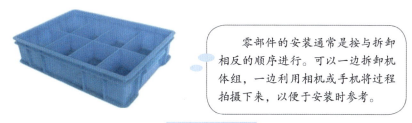

> 零部件的安装通常是按与拆卸相反的顺序进行。可以一边拆卸机体组，一边利用相机或手机将过程拍摄下来，以便于安装时参考。

图 1-28　螺栓盒

三、量具使用的注意事项

1. 塞尺

塞尺又称厚薄规，主要用来检验两个结合面之间的间隙大小。如图1-29所示，塞尺由许多层厚薄不一且带有标记的薄钢片组成。测量时，根据结合面间隙的大小，用一片或数片重叠在一起塞进间隙内。

使用塞尺测量时不能用力太大，以免塞尺遭受弯曲和折断；不能使用塞尺测量温度较高的工件。

使用塞尺后，在塞尺薄钢片上涂抹机油，防止其生锈。

图1-29 塞尺

2. 游标卡尺

游标卡尺是一种常用的量具，如图1-30所示，它主要由尺身、内量爪、外量爪等组成。游标卡尺具有结构简单、使用方便、精度中等和测量的尺寸范围大等特点，可以用它来测量零件的外径、内径、长度、宽度、厚度、深度和孔距等，应用范围很广。使用游标卡尺要轻拿轻放，不得碰撞或跌落地下。游标卡尺读数方法如下。

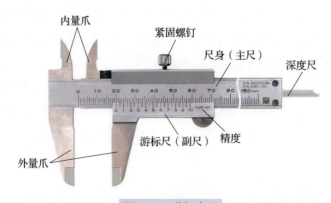

图1-30 游标卡尺

1）读取副尺零线前主尺上的整数，图中为20mm。
2）读出副尺上每个刻度的值，有的游标卡尺为0.02mm，图中为0.05mm。
3）从副尺上查看小数，找出副尺上零线后第n个刻线与主尺上任一刻线对齐，即为n

个 0.05mm，图中游标上第 2 个刻度对齐，值为 0.10mm。

4）计算整数加小数值，图中为 20.10mm。

5）读数时，注意视线应与尺面垂直。

6）有的游标卡尺带有百分表，读数方法与上述介绍类似。有的电子游标卡尺可以直接显示读数，如图 1-31 所示，注意测量前需要归零，通过模式键选择模式。

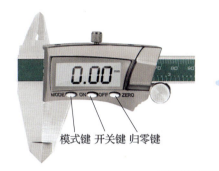

> 游标卡尺内外量爪比较锋利，使用时要小心不要伤到人，要注意保护量爪不受损坏。
> 使用完游标卡尺后，需要对其进行清洁，在滑动部位和表面涂抹少量的润滑油。

图 1-31 电子游标卡尺

3. 千分尺

外径千分尺常简称为千分尺，它是比游标卡尺更精密的长度测量仪器，常见千分尺结构如图 1-32 所示，图中千分尺的量程是 0~15mm，千分尺只限于测量精密元件，使用时要轻拿轻放，要注意保护，其读数方法如下。

1）使用千分尺时先要检查其零位是否已校准。

2）读出固定套筒上露出的刻线尺寸，一定要注意不能遗漏应读出的 0.5mm 的刻线值，图中为 7mm。

3）读出微分筒上的尺寸，要看清微分筒圆周上哪一格与固定套筒的中线基准对齐，将格数乘 0.01mm 即得微分筒上的尺寸。

如无对齐基准的刻度，则读取基准下靠近刻度，再估算一位，图中为 0.296mm。

4）将上面两个数相加，即为千分尺上测得尺寸，图中为 7.296mm。

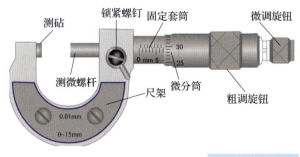

> 微调旋钮在校正和测量时，通常微调 2~3 次。使用千分尺时，严禁有水或油污粘附，严禁从高处掉落。

图 1-32 千分尺

4. 百分表

如图 1-33 所示，百分表主要由活动表盘、测量杆、转数指示盘等组成，百分表可将测杆的直线位移变为指针的角位移的计量器具。百分表安装在支架上，通过百分表支架磁吸开关、锁紧旋钮、调整杆等，可以将百分表测量杆放置合适的位置。百分表主要用于测量制件的尺寸和形状、位置误差等。使用前要检查百分表的测量杆移动是否灵活，指针是否跳动，回位是否正常。

1）将百分表安装在支架上，使测量杆预压缩 1~3mm，观察小指针停的位置，再转动表盘，使长指针对准该表面上的"0"，即可进行测量。

2）将测量杆端的触头抵住被测量面，使被测机件按要求移动或转动，从百分表表盘上观察机件的间隙或偏差。

3）先读小指针转过的刻度线（即毫米整数），再读大指针转过的刻度线（即小数部分），并乘以 0.01，然后两者相加，即得到所测量的数值。

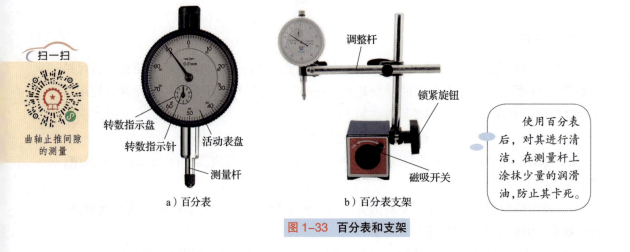

图 1-33 百分表和支架

四 检测汽车电路的注意事项

1. 万用表的基本使用方法

常用万用表来检测汽车电路，万用表是一种多功能、多量程的测量仪表，一般万用表可测量直流电流、直流电压、交流电压、电阻等。万用表结构如图 1-34 所示。使用万用表时，需要注意以下事项。

1）不能用手去接触表笔的金属部分，这样才可以保证测量的准确性。

2）测量前，旋至电阻档的最小量程，红黑表笔相交，应显示小于 1Ω，否则说明万用表不准确。

3）如果不知道被测电压范围，将功能开关置于大量程并逐渐降低量程，不能在测量中改变量程。

4）测量电流时，选择相应的插孔连接红色表笔，当电流超过 20A 或 20mA 时，会烧坏熔丝或万用表。

扫一扫

万用表的使用方法

图 1-34　万用表

2. 使用万用表对熔断器和继电器的检查

熔断器俗称保险丝，它串联在其所保护的电路中起保护作用。熔断器有不同的规格和种类，如图 1-35 所示，为了便于检查，熔断器上有两个检查点，熔断器都有额定电流，禁止使用大于或小于额定电流的熔断器，更不准用电阻丝或其他导体代替，否则将失去保护作用。

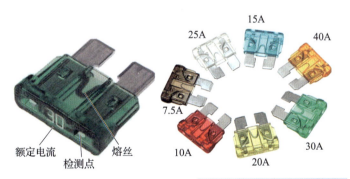

技师引导　检查熔断器时，还需要检查安装熔断器的插孔，检查插孔内金属弹片是否有松动、腐蚀等损坏。

图 1-35　熔断器结构和类型

（1）熔断器的检查　检查熔断器时，需要使该电路处于导通状态。检查时，用万用表 20V 电压档，先后测量两个检测点的对地电压，红表笔触及检查点，黑表笔触及蓄电池负极或搭铁。

若两检测点电压都为 0V，说明熔断器与电源之间的电路开路；若一个检查点的电压为12V左右，一个为0V，说明熔断器断开；若都为12V左右，说明熔断器是好的。在不便使电路导通时，可拆下熔断器，目测熔断器的金属丝是否断开；也可以检查熔断器阻值，标准阻值小于1Ω。

（2）继电器的检查　常见继电器是利用电磁原理实现的，它能自动接通或切断一对或多对触点，其作用在于用小电流控制大电流，减小控制开关触点的电流负荷。继电器工作原理如图1-36所示，30接脚连接不受点火开关等控制的电源，87接脚连接负载设备，86接脚连接电源，85接脚连接搭铁。

> **技师引导**　检查继电器时，还需要检查安装继电器的插孔，检查插孔内金属弹片是否有松动、腐蚀等损坏。检查端子30、86对应的插孔应有12V电压，检查端子86对应的插孔与搭铁之间电阻小于1Ω，检查端子87对应的插孔与负载设备之间电阻小于1Ω。

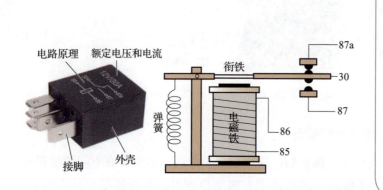

图1-36　继电器结构和原理

1）检查继电器电磁线圈两端的电阻，大多数继电器的电阻为50~150Ω，电阻不应为0或无穷大，否则说明线圈短路或断路。

2）检查继电器常开触点或常闭触点的电阻，常开触点电阻应为无穷大，常闭触点应小于1Ω。

3）在继电器电磁线圈两端加12V电压，检查继电器常开触点或常闭触点的电阻，常开触点电阻应小于1Ω，常闭触点应为无穷大。

4）继电器内接脚焊点松脱，会引起继电器所控制电路出现间歇性故障，因此针对间歇性故障检查继电器时，需要边测量边晃动继电器脚或使用换件法检查。

3. 使用万用表对导线的检查

汽车上使用的导线通常为低压导线，为了便于分辨，导线采用了带有颜色及辅助色的绝缘材料，如图1-37所示。导线、绝缘护套、接线端子等包扎成线束，连接电气部件。插接器就是通常所说的插头和插座，如图1-38所示，用于线束与线束或导线与导线间的相互连接。

图1-37 导线

扫一扫

继电器的原理与检修

测量线束插接器端子间的电阻或电压时，应小心插入万用表表笔或检测仪探针以防止端子弯曲。

图1-38 线束和插接器

断开插接器时，如图1-39所示，先将插接器两个配合部分紧压在一起以使其解锁，然后压下锁爪，并分离插接器。断开插接器时，严禁硬拉线束。连接插接器前，检查并确认端子没有变形、损坏、松动或丢失。连接插接器时，用力压直至听到插接器"咔嗒"一声而锁止。

阴插接器和阳插接器引脚顺序不同，如图1-40和图1-41所示，阴插接器从左上到右下依次标出编号，阳插接器从右上到左下依次标出编号。

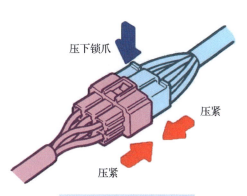

图1-39 拆卸线束插接器

 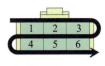

图1-40 阴插接器

图1-41 阳插接器

1）检查接线是否断路。关闭点火开关，断开插接器A和C，如图1-42所示，测量插接器A端子1与插接器C端子1之间阻值大于10kΩ，则判断出现断路故障。测量时轻轻晃动线束，防止漏检线路出现间歇性断路的情况。测量插接器A端子2与插接器C端子2之间阻值，若正常，应小于1Ω。进一步断开插接器B，按以上测量方法，检查故障出现在C与B或B与A之间。

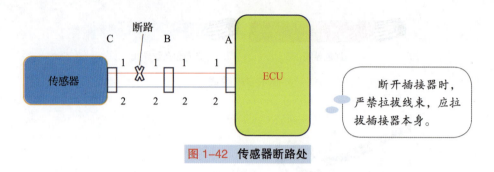

图1-42 传感器断路处

2)检查传感器接线是否与搭铁短路。关闭点火开关,断开插接器A和C,如图1-43所示,检查插接器A端子1、2分别与搭铁之间的阻值,正常值应大于10kΩ,若小于1Ω,则为对地短路。进一步断开插接器B进行检查,判断故障处于插接器A和B或插接器B和C之间。

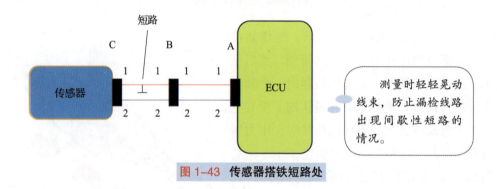

图1-43 传感器搭铁短路处

3)检查传感器接线是否短路。关闭点火开关,断开插接器A和C,如图1-44所示,检查插接器A端子1、2之间的阻值,正常值应大于10kΩ,若小于1Ω,则为相互短路。进一步断开插接器B进行检查,可以判断故障处于插接器A和B或插接器B和C之间。

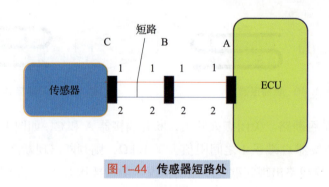

图1-44 传感器短路处

项目二
曲柄连杆机构的结构与检修

学习任务一　机体组的结构与检修

曲柄连杆机构是发动机的主要运动机构，其功用是将活塞的往复运动转变为曲轴的旋转运动，同时将作用于活塞上的力矩转变为曲轴对外输出的转矩，以驱动车轮转动。曲柄连杆机构由机体组、活塞连杆组、曲轴飞轮组三部分组成。

如图 2-1 所示，发动机机体组主要包括气门室盖、气缸盖、气缸体和油底壳等，以上元件的结合面都有密封垫片。

气门室盖
气缸盖

气缸体

油底壳

图 2-1　机体组的组成

 机体组各个结合面的密封垫片也是机体组的组成部分，当它们出现损坏后，会引起机体组漏油、漏气等故障。

一　机体组的结构

1. 气门室盖的结构

气门室盖也叫气缸盖罩，它安装在气缸盖上面，气门室盖上通常有火花塞承孔，如图 2-2 所示。气门室盖衬垫起到密封作用，防止机油渗漏。有些车型采用塑料制成的气门室盖，以减轻汽车重量。

气门室盖内部装有油气分离器，用于分离机油和废气，废气通过气门室盖的曲轴箱通风管及进气道进入气缸。气门室盖上还有机油加注孔，方便添加发动机机油。机油盖盖紧后应无泄漏，否则会引起漏油和发动机其他故障。

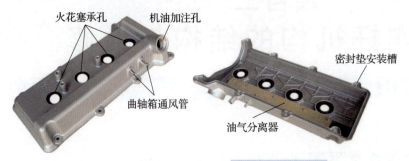

图 2-2　气门室盖

> 通过什么方法可以检查到气门室衬垫密封不良的故障？思考如果曲轴箱内压力高，是否会引起气门室衬垫密封不良？

2. 气缸盖的构造

气缸盖位于发动机上部，直列发动机只有一个气缸盖，而 V 型发动机有两个气缸盖。发动机气缸会产生非常高的压力，而气缸盖就像高压锅的盖子，它利用非常平整的下端面来封闭气缸上部。

轿车用的汽油发动机多采用整体式铝合金铸造气缸盖。如图 2-3 和图 2-4 所示，气缸盖还用于安装凸轮轴、进气门、排气门、火花塞等零部件。气缸盖安装在气缸体的上面，在气缸盖上安装气门室盖。气缸盖内部有冷却水道，用于冷却其高温部分。气缸盖上还有机油进、回油道，进气、排气管道，气门挺柱承孔，火花塞座孔等。

图 2-3　气缸盖

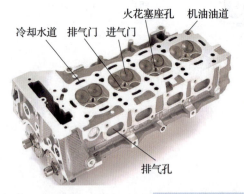

图 2-4　气缸盖的底面

> 观察气缸盖上的进气管道、排气管道、机油进油道、机油回油道、冷却水道等孔道，观察气缸盖有哪些密封平面？拆装时具体需要更换哪些衬垫？

气缸垫装在气缸盖和气缸体之间，其功用是保证气缸盖与气缸体接触面的密封，防止漏气、漏水和漏油。气缸垫的材料要有一定的弹性，同时要有好的耐热性和耐压性，在高温高压下不烧损、不变形。

安装气缸垫时，所有气缸垫上的孔要和气缸体上的孔对齐，尤其要注意气缸垫上机油进油孔要与气缸体上相应的机油进油孔对齐，如果气缸垫是对称的，有金属包边的面或印有批次号的一面朝上，如图 2-5 所示。

根据图中提示思考气缸垫损坏后的故障现象。

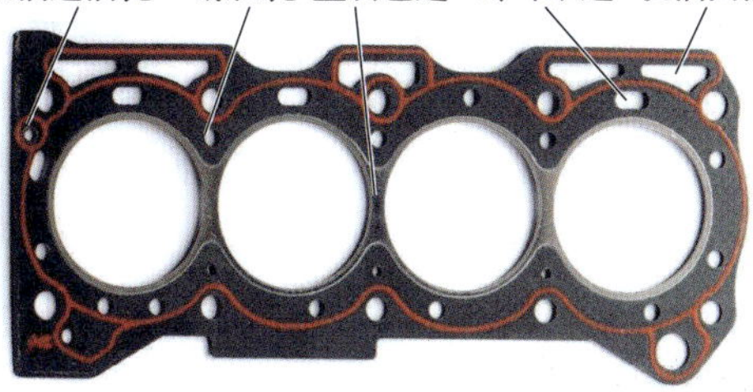

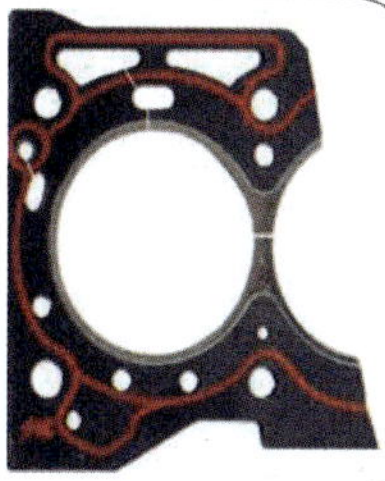

图 2-5 气缸垫

3. 燃烧室的结构和类型

汽油机气缸盖还用来构成燃烧室，燃烧室的形状对发动机的工作影响很大，燃烧室按其结构分为半球形燃烧室、楔形燃烧室和盆形燃烧室。

如图 2-6a 所示，半球形燃烧室使用广泛，结构紧凑，火花塞布置在燃烧室中央，火焰行程短，故燃烧速率高。

如图 2-6b 所示，楔形燃烧室结构简单、紧凑，散热面积小，热损失也小，能保证混合气在压缩行程中形成良好的涡流运动，有利于提高混合气的混合质量，进气阻力小，充气效率高。

如图 2-6c 所示盆形燃烧室，气缸盖工艺性好，制造成本低，但因气门直径易受限制，进、排气效果要比半球形燃烧室差。捷达轿车、奥迪轿车发动机均采用盆形燃烧室。

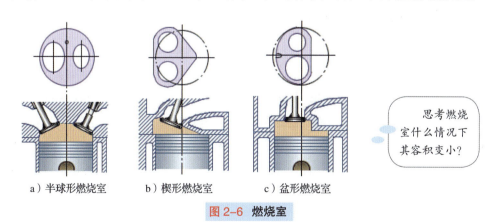

a）半球形燃烧室　b）楔形燃烧室　c）盆形燃烧室

思考燃烧室什么情况下其容积变小？

图 2-6 燃烧室

4. 气缸体的结构

气缸体是发动机的主要骨架，其上部使用螺栓连接气缸盖，其下部安装油底壳，中部是发动机的主要部分——气缸。根据气缸体与油底壳安装平面的位置不同，通常把气缸体分为一般式、龙门式、隧道式三种形式。一般式气缸体油底壳安装平面和曲轴旋转中心在同一高度，较为常用。

如图2-7所示，直列发动机和V型发动机气缸体结构不同，V型发动机在气缸体上布置了两排气缸。气缸体要经受高温高压，所以需要冷却水道以便于其冷却。活塞在气缸中往复运动，摩擦较大，燃料与废气又具有腐蚀性，所以气缸体必须能耐高温、耐腐蚀、耐磨损等。气缸盖和气缸体采用螺栓连接，一旦螺栓孔损坏，可能需要更换整个气缸体。

a）直列发动机气缸体　　b）V型发动机气缸体

图2-7　气缸体

> 发动机号是生产厂家在发动机缸体上打印的出厂号码。每台发动机都有自己独立的发动机号，变更发动机号需要到车辆管理部门办理相关手续。

活塞在气缸中以极快的速度往复运动，所以气缸体耐磨性要很好。通常在气缸中镶入镀耐磨金属的气缸套，磨损后可以更换或维修气缸套。汽油机采用厚度较小的干式气缸套，它不与冷却液直接接触，如图2-8a所示。柴油机采用厚度大的湿式气缸套，它直接与冷却液接触，如图2-8b所示。整体式缸体无气缸套，气缸磨损后通常需要更换气缸体。

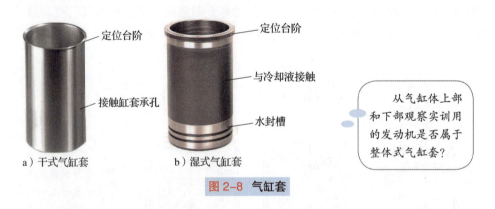

a）干式气缸套　　b）湿式气缸套

图2-8　气缸套

> 从气缸体上部和下部观察实训用的发动机是否属于整体式气缸套？

5. 油底壳的结构和工作原理

油底壳属于机体组，也属于润滑系统，它用来容纳和冷却机油，内部设有隔板防止机油晃动，如图2-9所示。油底壳可以采用铝合金或钢板制成。油底壳与气缸体之间用密封垫密封，用于防止机油渗漏。

有些放油螺塞有磁性，用于吸附机油中的金属粉末。放油螺塞采用橡胶垫或铜垫密封。每次拆装放油螺塞，都必须更换密封垫，否则有可能漏油。

项目二　曲柄连杆机构的结构与检修

图2-9　油底壳及放油螺塞

> 要按规定力矩拧紧放油螺塞，防止拧紧力矩过大损坏油底壳。

有的发动机使用组合式油底壳，如图2-10所示，它由油底壳上部、蜂巢状插入件、油底壳下部等组成。油底壳上部带有机油挡板，可以防止机油晃动，油底壳上部还可以用来固定曲轴轴承盖，提升发动机运行时的性能。油底壳蜂巢状插入件用来固定机油泵。油底壳下部由塑料制成，塑料制成的油底壳下部可以减轻发动机重量，降低发动机的噪声。

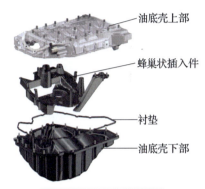

图2-10　组合式油底壳

6. 发动机的支撑

发动机通过发动机悬置与车身连接，发动机悬置安装在气缸体或气缸盖上，它能有效地吸收振动，避免将发动机振动传到车身上，同时可以提高舒适性并降低其他零部件因为过多振动产生的疲劳破坏。

发动机悬置俗称发动机脚垫，通常发动机采用三处或四处脚垫支撑在车身的前纵梁或副车架上，如图2-11所示。

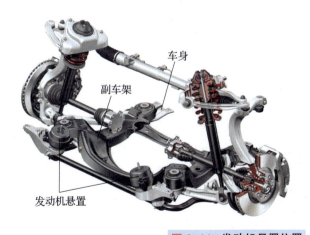

图2-11　发动机悬置位置

> 观察实训用的发动机有几处支撑，拧松发动机悬置固定螺栓，起动发动机，感受其异常现象。

发动机悬置包括橡胶悬置、液压悬置和空气悬置等，如图2-12和图2-13所示。发动机液压悬置能隔离发动机的振动和噪声向车厢内的传递，明显提高整车车内的舒适性。高档轿车为了追求最佳的隔振效果采用主动悬置,主动悬置理论上可以使振动响应达到零。

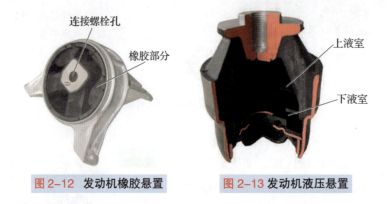

图 2-12 发动机橡胶悬置　　图 2-13 发动机液压悬置

二 机体组拆卸和安装注意事项

1)分别在曲轴前传动带轮、正时链轮或正时带轮、凸轮轴正时链轮查找发动机上止点记号。如图 2-14 所示,1ZR 发动机气缸盖上没有气门正时检查的标记,只有将正时链条上的涂色片和链轮上的标记对准,才能够检查气门正时。

扫一扫
正时标记的检查

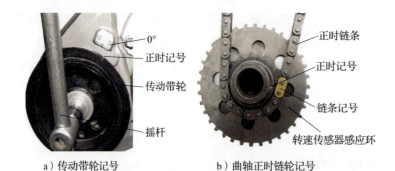

a)传动带轮记号　　b)曲轴正时链轮记号

c)凸轮轴正时链轮正时标记

图 2-14 正时记号

2）拆卸气缸盖螺栓时，由外到内，对角并分几次拧松气缸盖紧固螺栓，如果不按正确顺序拆卸，有可能损坏气缸盖。安装气缸盖时，拧紧气缸盖紧固螺栓的顺序与拆卸时的相反，也需要对角并分几次拧紧，如图2-15所示。

3）气缸盖塑性螺栓拧紧方法如图2-16所示，用扭力扳手和气缸盖螺栓拆装专用工具拧紧气缸盖紧固螺栓。先使用扭力扳手拧至49N·m，用油漆在气缸盖螺栓的前面做标记。按顺序再将气缸盖螺栓拧紧90°，然后再紧固45°。检查并确认油漆标记与前端成135°。

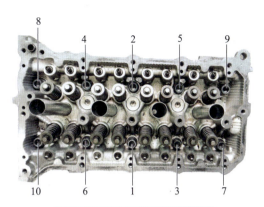

图2-15 气缸盖螺栓拧紧顺序

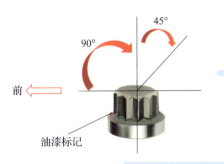

图2-16 拧紧气缸盖固定螺栓

塑性螺栓相比普通螺栓能提供更强的轴向张紧力和稳定性，在发动机中主要用于气缸盖紧固螺栓和轴承盖紧固螺栓，螺栓头部外侧或内侧是十二边形。

4）气缸盖螺栓在工作中受到很大的拉力，容易被拉伸而损坏，需要使用游标卡尺检查其长度和最小直径，如图2-17所示。如果气缸盖固定螺栓长度大于最大值或最小直径小于最小值，则更换所有的气缸盖固定螺栓。1ZR发动机气缸盖螺栓最大螺栓长度为86.7mm，最小外径为9.1mm。

5）用专用工具固定传动带轮，如图2-18所示，使用扭力扳手拧松传动带轮固定螺栓。要注意安装时，紧固传动带轮紧固螺栓的力矩，例如，1ZR发动机该固定螺栓拧紧力矩为190N·m。

图2-17 检测气缸盖螺栓长度

图2-18 拆下传动带轮

三 机体组的检修

将机体组零件进行彻底的清洗，清洗完按顺序进行摆放。在清洗过程中需要：目视检查零部件有无明显裂纹、磨损、腐蚀等损伤；清除零部件表面的积炭，注意不要损伤零部件。机体组气缸体与气缸盖的主要损伤形式有裂纹、磨损和变形等。

1. 机体组的基础检查

检查气门导管、气门座圈是否松动；检查气缸盖各个接合面是否有腐蚀、裂纹、伤痕或其他形式的损坏，气缸盖、气缸的腐蚀通常位于冷却液通道旁，如图 2-19 所示。如果气缸盖、气缸体有轻微的划痕可以用图 2-20 所示油石进行修整，不能修整则进行更换。

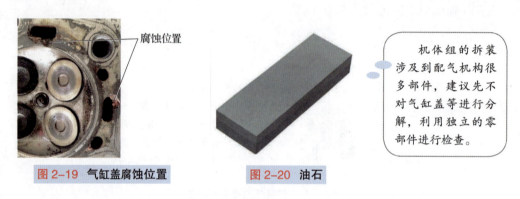

图 2-19 气缸盖腐蚀位置　　图 2-20 油石

> 机体组的拆装涉及到配气机构很多部件，建议先不对气缸盖等进行分解，利用独立的零部件进行检查。

2. 检查孔道是否堵塞

使用类似图 2-21 所示的气动风枪对油气分离器进行检查，发现有堵塞现象，必须清洗疏通。用压缩气体检查气缸盖、气缸体上的机油道、冷却液通道、进气口、排气口是否有堵塞，并检查以上位置有无腐蚀的小孔等现象。

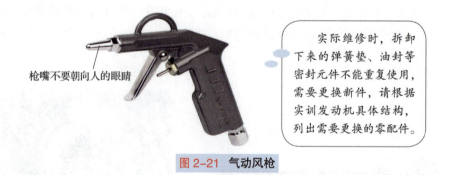

图 2-21 气动风枪

> 实际维修时，拆卸下来的弹簧垫、油封等密封元件不能重复使用，需要更换新件，请根据实训发动机具体结构，列出需要更换的零配件。

3. 机体组元件裂纹的检查

气缸体和气缸盖裂纹常发生在主轴承隔墙、气缸套承孔、缸盖螺栓孔、火花塞孔等处。

清洗气缸盖或气缸体，并清理衬垫等残留物；将图 2-22 所示的渗透剂均匀喷涂在待检查位置，等待 5~15min；使用清洗剂将喷涂位置清洗干净；将显像剂对燃烧室、火花塞螺纹口、排气口等处保持距离 150~300mm 均匀喷涂，等待几分钟后，即可显示缺陷。对于有裂纹的气缸盖一般要求更换。

使用气动风枪时，最好使用防护镜来保护眼睛。检查裂纹时，不能朝向人体喷射，还要避免火源。使用完毕后，切勿将渗透剂等扔入火中焚烧，应将罐体刺穿后废弃。

图 2-22 清洗剂、显像剂、渗透剂

4. 机体组元件变形的检查

机体组元件的变形主要影响密封性能，对气门室盖、气缸盖、气缸体各平面需要做变形检查。变形检查的方法类似，以下以气缸盖为例介绍变形情况的检查。

气缸盖翘曲变形，指的是气缸盖下平面的平面度误差逾限。气缸盖平面变形后，会使气缸密封不严。如图 2-23 所示，测量气缸盖时，可用平面尺放在气缸盖的所测平面上，然后用塞尺测量直尺与平面间的间隙，塞入塞尺的最大厚度即为变形量。

检查机体组平面度主要包括：气缸盖下平面、进气侧、排气侧，气缸体上平面等。平面度超过最大值时，可以采用铣削或磨削修复，铣削或磨削量不能超过 0.5mm。

扫一扫

气缸体和气缸盖平面度的测量

图 2-23 测量气缸盖下平面的平面度

摆放气缸盖等表面要求比较高的部件时要格外小心，确保其不被外物划伤或磕碰，并且将这些部件要求较高的表面朝上放置或放置于木块上。

测量一个矩形平面的平面度误差，需要测量该平面的四条边及对角线处，取六次测量的最大值。测量气缸盖与气缸体的接触平面，1ZR 发动机平面度误差最大值不超过 0.05mm，测量气缸盖与进气歧管及排气歧管接触面的平面，平面度误差最大值不能超过

0.10mm，如图 2-24 所示。

图 2-24　测量气缸盖侧面平面度

5. 气缸磨损程度的检查

气缸磨损的测量主要是确定气缸磨损后的圆度、圆柱度和最大直径，超过维修标准值，则需要维修或更换。在气缸同一断面上活塞销方向和垂直活塞销方向，测量到最大与最小直径差值的一半，即为圆度误差。在三个断面内所测得的所有读数中最大与最小的直径差值的一半，即为气缸的圆柱度误差。

1）清洁并目测气缸有无明显损坏，用手感觉上止点时第一道活塞环对应的位置，是否存在明显的磨损。

2）清洁并校准游标卡尺，用游标卡尺的内径尺测量气缸直径基准值。

3）取出量程范围包括上述气缸直径基准值的外径千分尺。清洁外径千分尺，选择标准杆校准外径千分尺，用毛巾包裹千分尺将其固定在台虎钳上，将外径千分尺调整到气缸直径基准值。

4）组装内径百分表（也称量缸表），如图 2-25 所示。

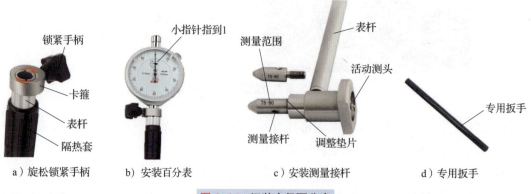

图 2-25　组装内径百分表

①清洁百分表、表杆、活动测头、测量接杆等部分。

②按下活动测头，检查活动测头的灵活性。

③旋松锁紧手柄，放松卡箍，将百分表装入表杆。用手按压活动测头，观察百分表指针应转动灵活并应能回到初始位置。压紧百分表测量杆 1~2mm 左右，使百分表小指针指到 1~2 区间。为便于观察，使百分表表面与测量杆平行或垂直，旋紧锁紧手柄。

④选择测量范围包括气缸直径基准值的测量接杆，再选择合适厚度的接杆调整垫片，组装测量接杆和垫片，组装后，使用专用扳手轻轻拧紧测量接杆。量杆的总长度一般要比标准缸径大 0.5~1mm。

垫片厚度 = 气缸直径基准值 − 测量接杆最小测量值 +（0.5~1）mm

⑤校正内径百分表。将内径百分表放置在台虎钳上的外径千分尺上，小幅度摆动内径百分表，找到百分表大指针的拐点，转动百分表刻度盘，使百分表大指针对齐零刻度。注意，观察百分表读数时不能斜视表盘，要平视。

5）如图 2-26 所示，在气缸体的纵向 A 位置将内径百分表倾斜放入气缸，前后摆动内径百分表，找到百分表大指针的拐点即最小读数值。正常情况下，气缸磨损不会超过 1mm，即小指针的转动量不超过 1 格，大指针转动每格为 0.1mm。在气缸体的纵向将内径百分表倾斜取出。转动内径百分表 90° 再倾斜放入气缸，摆动内径百分表找出最小读数。

6）按同样方法测量 B、C 位置横向和纵向的直径。

7）计算该气缸的圆度误差、圆柱度误差及最大直径。

标准参考： 汽油机的圆度误差不超过 0.05mm，圆柱度误差不超过 0.175mm，丰田 1ZR 发动机气缸的标准缸径为 80.500~80.513mm，最大值为 80.633mm。

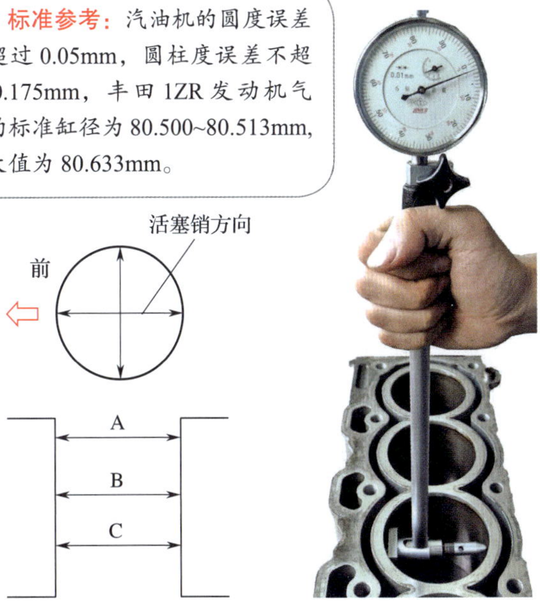

图 2-26 测量气缸

A—活塞位于上止点时，第一道环所对应的位置 B—气缸的中部 C—气缸的下部

学习任务二　活塞连杆组的结构与检修

活塞连杆组处于发动机最中心的位置，是发动机的动力源泉。如图 2-27 所示，活塞连杆组将活塞的往复运动转变为曲轴的旋转运动，并把作用在活塞组上的燃气压力传给曲轴，使曲轴旋转并输出动力。

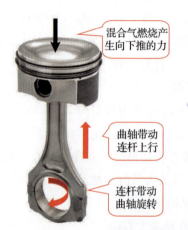

> 汽车下长坡时，驾驶人常常利用发动机的制动低档滑行，避免长时间制动引起制动系统过热。发动机的制动就是利用活塞连杆组等处的摩擦限制车辆的行驶速度。

图 2-27　活塞连杆组作用

 活塞连杆组的结构

如图 2-28 所示，活塞连杆组主要由活塞、活塞环、活塞销、连杆和连杆轴承等组成。

1. 活塞

活塞是发动机的重要动力部件，活塞与气缸盖、气缸等形成密闭的容器，保证工作过程的顺利进行，同时将承受的燃气压力变为动力，通过连杆传给曲轴输出。

如图 2-29 所示，活塞需要承受高温高压，并在高速、润滑不良和散热困难的条件下工作，因此，需要活塞有足够的刚度和强度，耐高压、高温且重量较轻。活塞一般采用铝合金制成，它主要由顶部、头部和裙部组成。

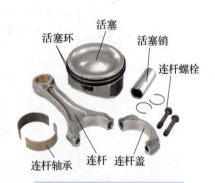

图 2-28　活塞连杆组的组成

活塞的顶部与气缸盖、气缸体共同组成燃烧室。顶部的凹坑可以改善混合气的形成和燃烧情况。根据活塞顶部形状，活塞可分为平顶活塞、凹顶活塞、凸顶活塞和成型顶活塞，如图2-30所示。平顶活塞结构简单、吸热面积小、便于制造加工，且有利于缸内混合气流动和燃烧过程中的火焰传播。凹顶活塞能够改善混合气流动性能，改善燃烧过程，并有利于增大气门升程，防止活塞顶碰气门。采用凸顶活塞能够提高压缩比，特别是在发动机技术改造过程中，为了提高压缩比，多改用凸顶活塞。成型顶活塞顶部有一半是凸起的，另一半是凹下去的。这种活塞一般适用于对燃烧室有特殊要求的柴油机，特殊的顶部形状可满足燃烧过程中的不同要求。

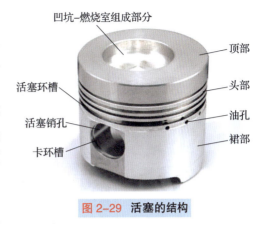

图2-29 活塞的结构

a) 平顶活塞　　b) 凸顶活塞　　c) 凹顶活塞　　d) 成型顶活塞

图2-30 活塞的类型

活塞头部是活塞环槽以上的部分，油环底面钻有许多油孔，油环从气缸壁上刮下来的机油可以通过油孔流回油底壳。活塞裙部是指油环槽以下部分，用于活塞在气缸内往复运动的导向并承受侧压力。

2. 活塞环

活塞环包括气环和油环两种，如图2-31所示。活塞顶部的大部分热量传导给气缸体，再由冷却液或空气带走。

气环按断面形状分为矩形环、锥面环、扭曲环、梯形环和桶面环等，如图2-32所示。矩形环结构简单、制造方便、易于生产、应用面广，但有泵油作用。锥面环减少了环与气缸壁的接触面，提高了表面接触压力，有利于磨合和密封，可形

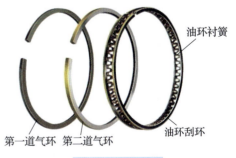

图2-31 活塞环

成油膜改善润滑，但导热性差，不适用第一道环。扭曲环断面不对称，受力不平衡，使活塞环扭曲，减小泵油作用，减轻了磨损。梯形环可将沉积在环中的结焦挤出，避免环折

断，且密封性较好，但加工困难，精度要求高。桶面环上下均可形成油膜，且对活塞的摆动适应性好，接触面小，利于密封，但外圆为凸圆弧形，加工困难。

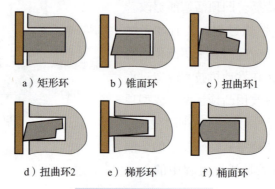

图 2-32 活塞气环的种类

活塞的气环开有切口，气环具有一定的弹性，在自由状态下气环外径大于气缸直径。活塞气环与活塞一同装入气缸后，气环外表面紧贴在气缸壁上，形成第一密封面，气环密封效果通常与气环数量有关，汽油发动机一般采用 2 道气环，柴油发动机一般采用 3 道气环。如图 2-33 所示，由于活塞环侧隙和背隙的作用，活塞在上下运动过程中使气缸壁上的机油上窜到燃油室，形成了泵油。

油环主要起到刮油、布油和辅助密封作用。油环用来刮除气缸体上多余的机油，并在气缸体上铺涂一层均匀机油膜，这样既可以防止机油窜入，又可以减小活塞与气缸的磨损与摩擦阻力。如图 2-34 所示，油环分为整体式油环和组合式油环，整体式油环外圆上切有环形槽，槽底开有回油用的小孔或窄槽。整体式活塞油环结构简单，安装方便，但刮油能力较差，密封性较差。组合式的油环由上下刮油片和产生径向、轴向弹力的衬簧组成。组合式油环有密封好、无侧隙、无窜油、刮油能力强，适应性好，回油能力强的优点。

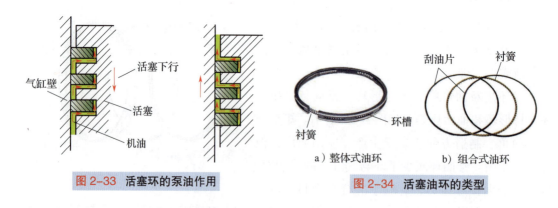

图 2-33 活塞环的泵油作用　　图 2-34 活塞油环的类型

3. 活塞销

活塞销的作用是连接活塞和连杆小头，它把活塞承受的气体作用力传给连杆，迫使连杆小头带动活塞一起运动。为了减轻重量，活塞销一般用优质合金钢制造，并制成空心，如图 2-35 所示。活塞销多采用"全浮式"支撑，它可以在连杆小头衬套和销座孔内转动，其两端采用卡环定位。"半浮式"活塞销通常与连杆小头固定，与活塞之间可以相对运动。

"半浮式"活塞销与连杆小头在冷态时为过盈配合，因此装配半浮式活塞销时，需要加热连杆小头到230℃左右，再将活塞销装入。

图 2-35 活塞销和卡环

4. 连杆和连杆轴承

连杆是活塞与曲轴连接的部件，其功用是将活塞承受的力传给曲轴，并将活塞的往复运动变为曲轴的旋转运动。

如图 2-36 所示，连杆由连杆小头、杆身和连杆大头组成。连杆小头通过活塞销连接活塞，有些连杆小头孔内还压入耐磨青铜衬套，如图 2-37 所示。连杆小头油孔向活塞顶内壁喷射机油，用于冷却活塞。连杆大头通过连杆轴承连接曲轴，连杆大头孔内安装连杆轴承，如图 2-38 所示。连杆通常采用碳钢等材料锻造成形，为了减轻重量及不易变形，断面均制成"工"字形。

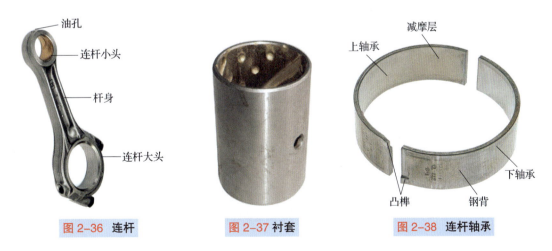

图 2-36 连杆　　图 2-37 衬套　　图 2-38 连杆轴承

连杆轴承用来保护连杆轴颈及连杆大头孔，它由钢背和减摩层组成。连杆轴承钢背由 1~3mm 的低碳钢制成。减摩层为 0.3~0.7mm 的减摩合金，减摩层较软，能保护轴颈。

二　活塞连杆组拆卸和安装注意事项

1. 拆装前的准备

1）准备好活塞环压缩器（图2-39）、活塞环张开器（图2-40）、连杆校正仪（图2-41）等专用设备以及千分尺、塞尺等量具，木棒、橡胶锤等工具。

图2-39　活塞环压缩器　　　图2-40　活塞环张开器　　　图2-41　连杆校正仪

2）用木棒推出活塞连杆组时，应事先刮去气缸上的积炭形成的台阶，以免损坏活塞环。注意不要倾斜，不要硬撬，以免损坏气缸。

3）测量工具要轻拿轻放，不得碰撞或跌落地下。

4）准备软管，用于拆下连杆螺母时，剪一段短软管套在连杆螺栓上，防止损伤螺纹。

2. 拆装的其他注意事项

1）彻底清洗活塞连杆组零部件，目视检查活塞等零部件有无明显的损坏，如活塞、连杆轴承等出现图2-42所示的损伤，则需要更换。

技师引导　在活塞、连杆轴承等处出现拉伤的痕迹，多是因为活塞与气缸、连杆轴承与连杆轴颈配合间隙过小或温度过高引起。

图2-42　损坏的活塞和连杆轴承

2）需要敲击活塞或连杆时，只能采用橡胶锤或木棒。用橡胶锤推出活塞连杆组时，注意不要倾斜，不要硬敲，以免损坏气缸。

3）取出活塞连杆组后，应将连杆轴承盖、螺栓螺母及连杆轴承按原位装回，并检查连杆的装配标记及序号，如果没有记号或记号不清晰，可以根据所在气缸顺序重新标上记号。如图2-43所示，安装连杆时，其止口方向应和气缸体曲轴轴承止口一致。

图2-43 连杆轴承止口方向

活塞连杆组的拆卸与安装

4）装配活塞环从下至上的顺序：油环隔圈、油环侧轨、第二道环、第一道环。用活塞环扩张器拆下活塞环，如图2-44所示，观察活塞环上的标记，"TOP"朝向活塞顶。

安装活塞环时，将活塞环开口相互隔开120°（对3道气环而言）或180°（对2道气环而言），不要重合，且避开活塞销座及其垂直部分。将1~3道气环的切口相互错开形成"迷宫式"封气装置。

活塞环的拆卸与安装

图2-44 活塞环端口方向

5）观察活塞的安装方向及序号，如果无序号需要进行标记，有的活塞上标有IN的位置朝发动机进气侧。

6）拆卸活塞，加热到60℃，利用专用工具，拆下活塞销。活塞和活塞销是配套件，需要注意按顺序摆放。

7）将第一缸曲柄转到下止点或上止点位置，将活塞环开口朝向正确的位置，使用活塞环收紧器收紧活塞环，把活塞和连杆总成推入各自的气缸，如图2-45所示，活塞的标记朝前。取下连杆螺栓上的软管，把连杆盖装在连杆上。

技师引导　活塞装配不当会出现活塞环"对口"，活塞环"对口"是指两个或两个以上的活塞环端口基本对齐，这会使活塞环漏气，气缸压缩压力变小，泄漏的气体还会引起机油变质。

8）在连杆盖螺母下方涂上薄薄一层机油，拧紧螺母时需分多次交替进行，最后以"29N·m+90°"的方法拧紧螺母。拧紧螺母后，曲轴应转动灵活。

9）安装活塞销卡环时，卡环开口要与活塞上的安装切口部位错开，如图2-46所示。

图 2-45 安装活塞

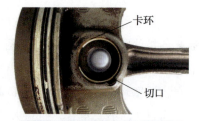

图 2-46 卡环开口与切口错开

三 活塞连杆组的检修

1. 检测活塞与气缸配合间隙

在与活塞销孔轴线垂直的方向处测量活塞头部直径，如图2-47所示，在距活塞顶部12.6 mm处，丰田1ZR发动机标准直径为80.461~80.471mm，若直径不符合标准要求，需更换活塞。以上止点时活塞裙部所对应位置作为测量点，使用内径百分表测量气缸内径。用气缸直径减去活塞直径即为活塞油膜间隙，1ZR发动机活塞油膜间隙标准为0.0292~0.052mm，超过最大油膜间隙0.090mm，需要更换所有活塞或气缸体。

技师引导 测量活塞时注意测量的位置，原因是：活塞裙部呈椭圆形，长轴垂直于活塞销孔轴线，短轴平行于活塞销孔轴线，长短轴之差约为0.3~0.5mm。

图 2-47 测量活塞头部直径

2. 检查活塞环的配合间隙

活塞环背隙是活塞与活塞环装入气缸后，活塞环内圆柱面与活塞环槽底间的间隙，如图 2-48 所示，其值为活塞环槽深度与活塞径向厚度的差值。丰田 1ZR 发动机三道活塞环标准间隙分别为：第一道 0.02~0.07mm，第二道 0.02~0.06 mm，第三道（油环）0.02~0.065mm，如果环槽间隙不符合规定，则更换活塞。

活塞环侧隙是指活塞环的厚度与活塞上相应环槽宽度的差值，其测量方法如图 2-49 所示。活塞环端隙是指活塞环随活塞装入气缸后，环的两端头的间隙，测量方法如图 2-50 所示，要用活塞从气缸体的顶部将活塞环推至活塞环底部使其行程超过 50mm。

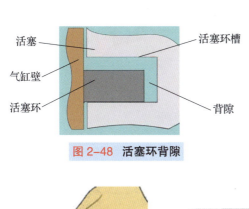

图 2-48 活塞环背隙

图 2-49 检测活塞环侧隙

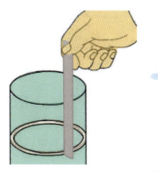

技师引导 1ZR 发动机第一道环端隙标准值 0.2~0.3mm，不能超过 0.5mm；第二道环端隙标准值 0.3~0.5mm，不能超过 0.7mm；第三道环端隙标准值 0.1~0.4mm，不能超过 0.7mm。

图 2-50 检测活塞环端隙

3. 检查活塞销油膜间隙

测量活塞销孔径、连杆小头孔径，活塞销直径，分别用活塞销孔径、连杆小头孔径减去活塞销直径，即为油膜间隙，油膜间隙通常不能大于 0.01mm。

4. 检查连杆的损坏情况

检查连杆螺栓受力部分的直径，如果直径小于最小值，则更换连杆螺栓。查看连杆的凸点朝前标志，分清测量的 A 向和 B 向，如图 2-51 所示，正对着朝前标志，与垂直方向偏左相夹 15° 大头直径方向为 A 向，与水平面右端偏上相夹 15° 直径方向为 B 向。用内径百分表测量 A 前、A 后、B 前、B 后的数值，并计算出圆度、圆柱度。

把带活塞销连杆装在测量校正仪上，测量三脚架安放在活塞销上，分别测量出扭曲值和弯曲值，如图 2-52 和图 2-53 所示。1ZR 发动机连杆弯曲最大值为 0.05mm，最大扭曲值为 0.15mm。

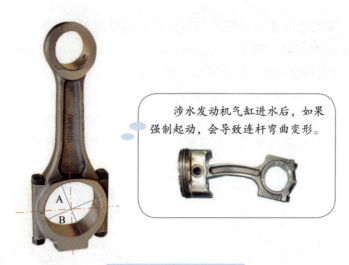

图 2-51 连杆的测量方向

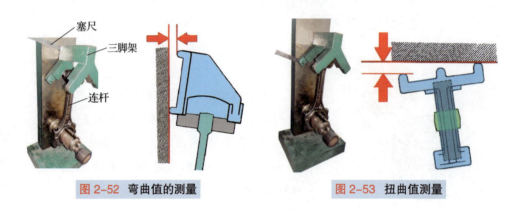

图 2-52 弯曲值的测量　　　　图 2-53 扭曲值测量

学习任务三　曲轴飞轮组的结构与检修

曲轴飞轮组包括曲轴、飞轮和曲轴扭转减振器等。曲轴飞轮组的作用是将活塞连杆组传来的力转变成曲轴飞轮组的旋转力矩，驱动汽车以及发动机的配气机构及其他辅助装置。

一　曲轴飞轮组的结构

1. 曲轴

曲轴的主要作用是在做功行程中，将连杆传来的推力变成旋转的转矩，经汽车传动系统驱动车辆行驶；利用曲轴和飞轮的旋转惯性，经连杆带动活塞上下运动，完成排气、进气、压缩等辅助行程，为下一做功行程做准备；驱动配气机构、发电机等附属装置。

如图 2-54 所示，曲轴一般由主轴颈、连杆轴颈、曲柄、平衡重等组成，平衡重用来平衡曲轴的离心力和离心力矩。曲轴上还有贯穿主轴颈、曲柄、连杆轴颈的油道，以便润滑主轴颈和连杆轴颈。

图 2-54 曲轴

2. 曲轴的形状和点火顺序

现代汽油发动机均采用五道轴颈式曲轴，曲轴虽然长，但各轴颈受力较小、振动较小、寿命较长。直列四缸发动机 1、4 缸与 2、3 缸的曲柄臂相隔 180°，其点火顺序为 1-3-4-2 或 1-2-4-3，如图 2-55 所示。六缸直列发动机的点火顺序为 1-5-3-6-2-4 或 1-4-2-6-3-5。V 型发动机气缸序号的排列方法是不统一的。

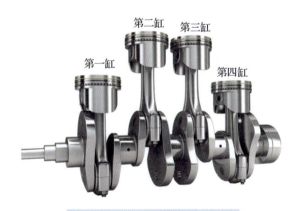

图 2-55 曲轴的形状和点火顺序

3. 曲轴轴承

曲轴主轴颈被支撑在气缸体上，在主轴颈和气缸体之间，安装两片曲轴轴承，用于限制曲轴的径向圆跳动，如图 2-56 所示。推力轴承用来限制曲轴轴向窜动。有的发动机曲轴轴承盖通过螺栓固定到油底壳上部，这样可以提升发动机在运行时的性能，如图 2-57 所示。

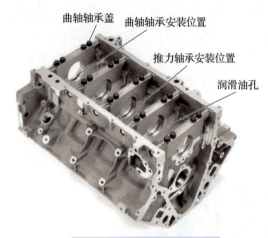

图 2-56　曲轴轴承安装位置

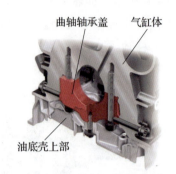

图 2-57　固定在油底壳上部的曲轴轴承盖

曲轴轴承和连杆轴承的材质相同，分为上、下两片。它们在自由状态下不是半圆形，当它们装入轴承盖内，要有过盈量，故能均匀地紧贴在孔壁上，具有很好的承受载荷和导热的能力。如图 2-58 所示，轴承上有定位的凸榫，安装时键入定位槽中，可以防止轴承前后移动或转动，有的轴承上还有油槽、油孔，注意安装时对齐相应的油道。

推力轴承也称为止推片，它作为发动机滑动轴承的一种，在发动机中主要起着曲轴轴向支撑的作用，在保证曲轴轴向转动的同时，阻止曲轴轴向窜动。如图 2-59 所示，推力轴承分为分离式和整体式，整体式推力轴承和曲轴轴承制成一体。

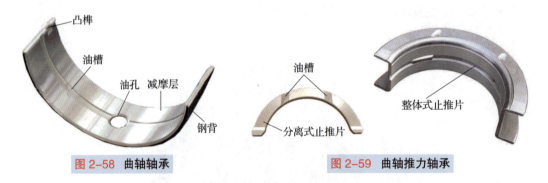

图 2-58　曲轴轴承　　　　　　　　　图 2-59　曲轴推力轴承

4. 扭转减振器

曲轴前端用于安装传动带轮，传动带轮通过传动带将动力传给发电机、空调压缩机等装置，传动带轮内部"隐藏"了扭转减振器，扭转减振器能衰减曲轴扭转振动。如图 2-60 所示，传动带轮内部的阻尼橡胶材料具有衰减曲轴扭转振动的功能。

图 2-60　带扭转减振器的传动带轮

5. 平衡轴

长冲程发动机安装平衡轴平衡上下止点之间的活塞速度差，让发动机运转更加平稳顺畅。平衡轴可分为单平衡轴和双平衡轴两种。单平衡轴因其结构简单、占用空间小，在单缸小排量发动机中得到广泛应用。如图2-61所示，平衡轴是一个偏心重量的轴，其上配有配重，平衡轴与曲轴同步旋转，利用偏心重量产生的反向振动力，使发动机获得良好的平衡效果，降低发动机振动。大部分三缸发动机上基本都是有平衡轴的，这样可以让三缸发动机转动时更加平顺。

图2-61 三缸发动机平衡轴

大众EA888发动机采用了双平衡轴，平衡轴位于气缸体的下端两侧，由曲轴和链条驱动。两根平衡轴旋转产生的离心力正好与曲轴产生的离心力方向相反，因而可以抵消掉大部分的振动，从而增强发动机动平衡状态特性，降低噪声。

6. 飞轮

飞轮通过中心螺栓孔连接曲轴，发动机起动时，飞轮齿圈被起动机带动旋转，从而带动曲轴转动，如图2-62所示。飞轮具备一定的重量，其运动惯性能使曲轴旋转均匀（储存能量作用）。

双质量飞轮可隔离曲轴的扭振，提高驾驶舒适性和经济性。如图2-63所示，双质量飞轮是将原来的一个飞轮分成两个部分，一部分保留在原来发动机侧，用于起动和传递发动机的转矩，另一部分放置在传动系统变速器侧，用于提高变速器的转动惯量。两部分飞轮之间有一个环形腔，在腔内装有弹簧减振器，由弹簧减振器将两部分飞轮连接为一个整体。

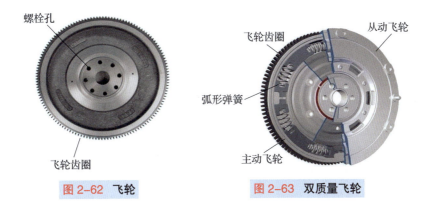

图2-62 飞轮　　　　图2-63 双质量飞轮

二 曲轴飞轮组的拆卸和安装

1）曲轴前后油封座是由前后油封座、垫片、后油封、固定螺栓组成的，它既能防止灰尘或污泥的侵入，又能保持曲轴有良好的润滑条件，延长曲轴的使用寿命。安装油封时，需要在其防尘唇位置涂抹机油，如图 2-64 所示。油封要放平，不能有倾斜的现象。建议用专用工具安装。压力不要太大，速度要均匀、要慢。

图 2-64 曲轴油封和油封座
a）油封　b）油封座

2）曲轴轴承上的紧固螺母、螺栓必须按规定力矩、规定顺序分次拧紧，螺栓、螺母、垫片等应齐全，不按要求操作可能会造成曲轴损坏。如图 2-65 所示，拆卸曲轴轴承盖时，应按从两边到中间的顺序，分几次均匀松开曲轴轴承盖螺栓，安装时按拆卸顺序相反进行；拆卸曲轴轴承盖时，若无标记，应在曲轴主轴承盖上打上标记。

1ZR 发动机曲轴轴承分两步拧紧，第一步拧紧 40N·m，用油漆在轴承盖螺栓前端做标记，再按顺序将轴承盖螺栓紧固 90°。

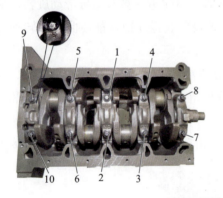

技师引导　图中为倒置"5"字，表示第 5 个曲轴轴承盖，"5"字在左侧，也表明了安装方向。

图 2-65 拆卸曲轴轴承盖

3）注意曲轴轴承、曲轴轴承盖等处的装配记号，确保安装正确。

4）把下轴承和主轴承盖放在一起，把上轴承和上止推垫片与气缸体放在一起；按正确的顺序摆放主轴承盖和下止推垫片。

5）装配曲轴飞轮组时，应对曲轴、曲轴轴承、飞轮等部件进行彻底清洗，并用压缩空气吹干，并保证曲轴、曲轴轴承上的油道孔畅通，如图 2-66 所示。曲轴飞轮组在装配前，应先按照发动机的装配要求安装好其他部件。

6）对于轴颈与轴承等配合表面，螺栓的螺纹等部位，装配前要涂上机油。

7）拆装平衡轴时，需要十分注意对准标记，否则发动机运行时非常抖动。如图 2-67

所示，大众 EA888 发动机具有平衡轴，对齐正时标记时，需要注意各个位置的记号。

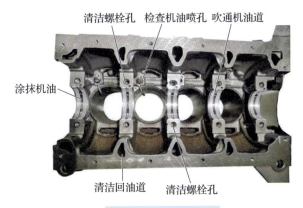

图 2-66　清洁气缸体

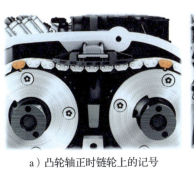

a）凸轮轴正时链轮上的记号

b）曲轴正时链轮上的记号

c）平衡轴传动链轮上的记号　　d）平衡轴传动齿轮上的记号

图 2-67　拆装平衡轴需注意的记号

扫一扫

活塞直径的测量

三　曲轴飞轮组的检修

常见曲轴飞轮组的检测项目包括曲轴裂纹的检测、曲轴径向间隙的检测、曲轴轴向间隙的检测、曲轴弯曲量的检测、曲轴轴颈磨损量的检测、飞轮工作表面及其环齿的检测等。

1. 检测曲轴的裂纹

曲轴经清洗后，首先检查主轴颈和连杆轴颈表面有没有毛刺、疤痕和沟槽，然后再对其进行各方面的检测。轴颈与曲柄的过度区域是裂纹容易出现的部位，如图2-68所示，所以要重点检查。方法有：

1）磁力探伤法。先将曲轴用电磁探伤机磁化，再将磁粉末散在需要检查的部位，同时用小锤轻敲曲轴臂。观察如有裂纹，在铁粉末聚集的地方就会出现一条清晰的裂纹线条。

2）浸油敲击法。将曲轴用煤油或柴油浸泡5min后取出擦干，在其表面均匀地涂上一层滑石粉，然后用手摇分段轻轻敲击曲轴的非工作面，曲轴如有裂纹，油渍经振动后就会经裂纹深处渗出而使曲轴表面的白粉变成黄褐色。

技师引导 由于曲轴在工作中承受交变载荷，主轴颈和连杆轴颈圆角过渡处属于曲轴强度的薄弱环节，长期的高速旋转运转和较大的交变负荷应力将造成曲轴圆角处产生裂纹或断裂。

图2-68 曲轴易产生裂纹处

2. 检测曲轴的径向间隙

曲轴的径向间隙与发动机的工作温度、最高转速、零件材料等有关，同时影响机油的压力大小，所以要对曲轴的径向间隙进行检测。检测步骤如下。

1）拆下曲轴轴承盖。

2）清洗并擦净轴承和曲轴轴颈。

3）根据轴承宽度沿轴向在曲轴轴颈与轴承之间放上与轴承宽度等长的塑料间隙规，如图2-69所示。

4）安装轴承盖，并以规定力矩拧紧。

5）测量曲轴径向间隙时，不得转动曲轴。

6）拆下轴承盖，将轴承盖与轴颈间被压扁的塑料间隙规取出，将其压扁的宽度与印刷的刻度相比较，就可得出曲轴轴承的径向间隙值。

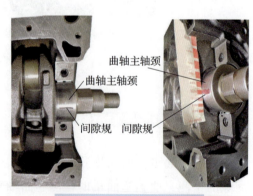

图2-69 测量曲轴径向间隙

1ZR 发动机标准油膜间隙为 0.016~0.039mm，当油膜间隙超过 0.050mm 时，需要更换曲轴轴承。

技师引导 塑料间隙规可以为固定表面间隙的测量提供一种既简单又有效的测量方法。它可以在普通间隙规无法插入的情况下测量间隙。如图 2-70 所示，塑料间隙规在结合表面被压扁后，将其与印刷的刻度相比较即能得出相应的间隙结果。

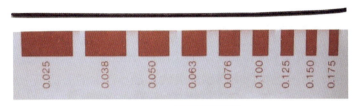

图 2-70　塑料间隙规

3. 检测曲轴的轴向间隙

发动机工作时，由于温度升高，曲轴会发生膨胀，如果没有轴向间隙，会导致曲轴的变形，所以在安装时要留有轴向间隙。轴向间隙不宜过大，否则将会导致发动机运转时产生异响。具体检测方法如下。

1）拆下曲轴轴承盖。

2）清洗并擦净轴承和曲轴轴颈。

3）安装轴承盖，并以规定力矩拧紧。

4）将百分表装在缸体上，用螺丝刀撬动曲轴，测量曲轴的轴向间隙，如图 2-71 所示。最大间隙应不超过规定标准值。如果此轴向间隙超出规定标准，应更换连杆或曲轴。

标准参考：1ZR 发动机曲轴标准止推间隙为 0.04~0.14mm，最大止推间隙为 0.18mm，曲轴推力轴承的厚度为 2.43 ~ 2.48mm。

扫一扫

检查曲轴轴向间隙

图 2-71　曲轴轴向间隙的检测

4. 检查连杆与曲轴连杆轴颈配合间隙

（1）检查连杆轴向间隙　安装连杆盖，来回移动连杆的同时，用百分表测量轴向间隙。1ZR 发动机标准轴向间隙为 0.160~0.342mm，如果轴向间隙大于最大值，则更换连杆总成，甚至曲轴。

（2）检查连杆油膜间隙　清洁并直观检查曲柄销和轴承上应无点蚀和划痕，将塑料间隙规摆放在曲柄销上。检查并确认连杆盖上的朝前标记应无误，不要转动曲轴，直接拆下 2 个固定螺栓和连杆盖。测量塑料间隙规最宽处，测量值过大，则更换连杆轴承，甚至曲轴。标准参考：1ZR 发动机标准油膜间隙为 0.030~0.062mm，最大油膜间隙为 0.07mm。

5. 检测曲轴的弯曲量

用 V 形架将曲轴两端水平支撑在平台上，使百分表的测量触点垂直抵压到第三道主轴颈上。转动曲轴一周，百分表指针所指示的最大和最小读数的差值即为曲轴的经向圆跳动误差，如图 2-72 所示。

图 2-72　曲轴弯曲量的检测

标准参考：1ZR 发动机曲轴经向圆跳动误差应不大于 0.03mm。

6. 检测曲轴的轴颈磨损量

用外径千分尺测量曲轴主轴颈和连杆轴颈的圆度误差和圆柱度误差，来确定曲轴轴颈的磨损量，如图 2-73 所示。每个轴颈分别检测两个截面，每个截面检测垂直与水平两个直径，同时记录各个轴颈的数据。最大圆度误差和圆柱度误差均不超过 0.02mm，否则更换曲轴。

7. 检测飞轮工作表面及其环齿

如图 2-74 所示，检查飞轮与离合器的工作表面是否有明显的划伤沟槽，用直尺、塞尺或百分表检查飞轮的平面度，应不大于 0.20mm，否则应更换飞轮。

检查飞轮环齿是否出现齿面过度损伤、齿面胶合、齿面塑性变形甚至齿面断裂的现象，如果出现，则更换飞轮或齿环。

项目二 曲柄连杆机构的结构与检修

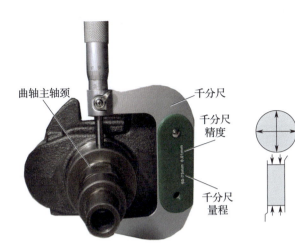

标准参考：1ZR 发动机曲轴轴颈最大圆度误差和圆柱度误差均不超过 0.004mm，其连杆轴颈标准为 43.992~44.000mm，其曲轴主轴颈标记不同，其轴颈也不同。

图 2-73 曲轴轴颈的检测

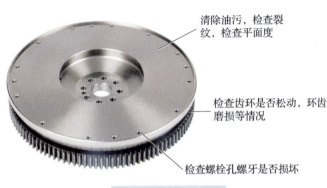

图 2-74 飞轮的检查

扫一扫

曲轴圆跳动的检测

扫一扫

曲轴圆度的测量

049

项目三
配气机构的结构与检修

学习任务一　气门传动组的结构与检修

配气机构功用是按照发动机的工作顺序，定时地开启和关闭进、排气门，以保证可燃混合气或新鲜空气得以及时进入气缸，并把燃烧后生成的废气及时排出气缸。

如图3-1所示，配气机构包括气门组和气门传动组。气门组包括进气门、排气门、气门弹簧等元件，它维持气门的关闭；气门传动组包括正时链轮或正时传动带轮、正时链条或正时传动带、进气凸轮轴、排气凸轮轴等元件，其功用是定时驱动气门开启，并保证气门有足够的开度和持续时间。

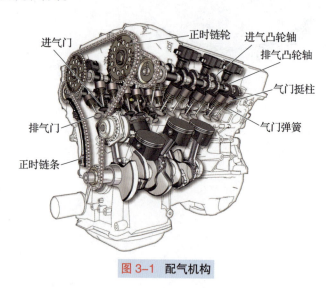

图3-1　配气机构

一　气门传动组的结构

配气机构按凸轮轴位置分类，可以分为凸轮轴上置式、中置式和下置式。轿车发动机凸轮轴通常位于发动机缸盖上，属于凸轮轴上置式。凸轮轴上置式有两种结构：一种是凸轮轴通过液压挺柱来驱动气门，另一种是凸轮轴通过摇臂来驱动气门，如图3-2所示。

项目三 配气机构的结构与检修

图 3-2 采用摇臂的配气机构

扫一扫

凸轮轴的拆卸与安装

配气机构按传动方式分类,可以分为链传动式、传动带传动式和齿轮传动式,轿车一般采用链条或传动带传动。配气机构气门传动组主要包括凸轮轴、液压挺柱、正时链轮(或正时传动带轮)、正时链条(或正时传动带)、链条(传动带)张紧装置等。

1. 凸轮轴

轿车发动机气门传动组将曲轴的动力通过曲轴正时传动带轮(或正时链轮)、正时传动带(或正时链条)、凸轮轴正时传动带轮(或正时链轮),传给凸轮轴。凸轮轴轴承盖将凸轮轴固定支撑在气缸盖上,如图 3-3 所示,凸轮轴支撑轴颈上还有机油孔,机油通过此机油孔可以润滑凸轮轴支撑轴颈和轴承盖。

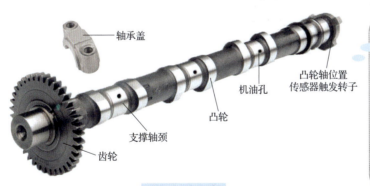

图 3-3 凸轮轴

技师引导 凸轮轴的支撑轴颈因加工等原因,其直径大小并不一定相同,所以凸轮轴支撑轴颈和轴承盖是配套的,轴承盖上有方向和序号标记,拆装前留意观察。

气缸顶部如果有两根凸轮轴分别负责进、排气门的开关,则称为双顶置凸轮轴(DOHC)。如图 3-4 所示,凸轮轴上凸轮有特殊的轮廓,它的转动控制着气门的开启时刻、持续时间及气门的打开升程。

2. 液压挺柱

发动机工作时,温度变化大,由于热胀冷缩的原因,在发动机冷态时,需要在气门杆

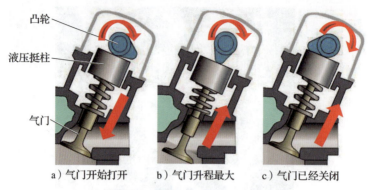

a) 气门开始打开　　　b) 气门升程最大　　　c) 气门已经关闭

图 3-4　凸轮轴控制气门打开过程

尾端留有间隙，以补偿气门受热后的膨胀量。为此，在常温装配发动机时，在气门杆尾端预留一定的间隙，此间隙称为气门间隙。

目前轿车发动机通常采用液压挺柱或气门间隙调节器来调节气门间隙，如图 3-5 和图 3-6 所示。液压挺柱上有进油口，它能利用来自机油泵的机油自动变化长度。气门间隙调节器使用于带滚子摇臂的气门传动组中，其工作原理与液压挺柱类似。

a) 安装于气缸盖上的液压挺柱　　b) 安装于气缸体上的液压挺柱

图 3-5　液压挺柱

图 3-6　气门间隙调节器

如图 3-7 所示，机油从气缸盖油道进入液压挺柱的柱塞，在机油压力的作用下，单向球阀弹簧被压缩，单向球阀被打开，机油立即充满柱塞下的高压油腔；单向球阀回位关闭，柱塞上升，消除气门间隙。当配气机构中的运动件磨损后，由于机油压力保持一定，在机油压力的作用下，单向球阀打开，机油立即充满柱塞下的高压油腔，柱塞上升，气门间隙自动补偿。

3. 正时传动带和传动带轮

发动机正时传动带或正时链条的主要作用是驱动发动机的配气机构，使发动机进、排气门在适当的时候开启或关闭，以保证发动机气缸能够正常地吸气和排气。在有些车型上，正时传动带还带动冷却液泵转动。

如图 3-8 所示，正时传动带属于橡胶部件，随着发动机工作时间的增加，正时传动

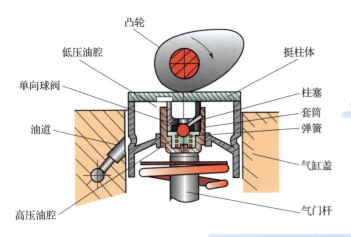

图 3-7 液压挺柱工作原理

技师引导 气缸盖上安装液压挺柱的承孔如果磨损过大，气缸盖机油道内的机油将无法流入液压挺柱，这会造成液压挺柱无法补偿气门间隙。

带和正时传动带轮等都会发生磨损或老化。因此，在规定的周期内必须更换正时传动带及附件。一旦正时传动带发生跳齿或断裂，发动机则不能正常工作，出现怠速不稳、加速不良，甚至损坏发动机。

发动机正时传动广泛地采用了链传动系统，因其具有结构紧凑、传递功率高、可靠性与耐磨性高、终身免维护等显著优点。但正时链条和链轮高速运转，磨损快温度高，所以必须要设计相应的润滑系统进行冷却和润滑。链传动系统主要包括主动正时链轮、从动正时链轮和正时链条，链轮通过键连接方式与凸轮轴或曲轴连接，正时链条和链轮上还有正时记号。

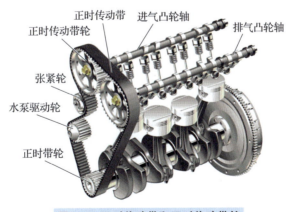

图 3-8 正时传动带和正时传动带轮

扫一扫 正时带的拆卸与安装

扫一扫 气门挺柱的测量

如图 3-9 所示，正时传动带、链传动常用张紧器和张紧轮来保持正时传动带、链条在传动过程中适当的张紧力，从而避免正时带打滑，或避免正时带发生跳齿、脱齿而脱出，或者是防止链条松动、脱落，减轻链轮、链条磨损。

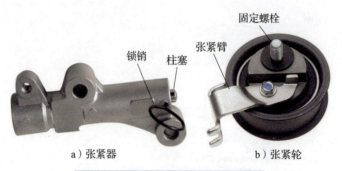

图 3-9　正时传动带张紧器和张紧轮

二　气门传动组的拆卸和安装注意事项

1）转动曲轴传动带轮，对齐曲轴传动带轮与壳体上的记号，对齐凸轮轴正时传动带轮或链轮的相关记号。

2）正时传动带或张紧器拆下后，不可以转动曲轴。防止活塞上行碰撞气门。

3）不要弯曲、扭转或翻转正时传动带；不允许正时传动带接触油、水和蒸汽；安装或拆除凸轮轴固定螺栓时，不要利用正时传动带的张力来固定凸轮轴。

4）拆卸时，按照"从两端到中间"的顺序，安装时，按照"从中间到两端"的顺序，分多次拆下或安装凸轮轴轴承盖的固定螺栓。拆卸时，使用橡胶锤轻敲凸轮轴轴承两端，使其松动。安装时，用套筒、扭力扳手将轴承盖螺栓均匀拧紧。

技师引导　按规定顺序拆下轴承盖，以防凸轮轴发生变形。不要用工具或其他物体撬动和用力拆除凸轮轴。轴承盖孔径可能不同，安装时必须按原来的顺序。

5）拆下液压挺柱时需要注意：用干净的布清洁液压挺柱表面；用黑色的油性笔在液压挺柱上做记号，可以在进气液压挺柱写1-8，排气液压挺柱写A-H；用带有磁性的专用吸铁棒吸出液压挺柱，并按照次序摆放在零件车上。

6）安装时在液压挺柱、凸轮轴、轴承盖等摩擦表面，均匀涂抹机油。

7）在气门传动组安装后，要摇转发动机至少2圈，为了确保在发动机起动后，气门不会顶到活塞。

参考标准：凸轮轴轴承盖拧紧力矩为20N·m，凸轮轴正时齿轮紧固螺栓拧紧力矩为80N·m；气缸盖紧固螺栓拧紧分四步：第一步40N·m，第二步60N·m，第三步75N·m，第四步旋紧90°。

8）拆下链条张紧器后，不要转动曲轴，否则链条容易跳齿。链条张紧器结构如图3-10所示，安装链条张紧器前，松开棘轮爪，然后完全推入柱塞，将挂钩固定在销上，确保凸轮固定在柱塞的第一个齿上，使挂钩穿过销。逆时针转动曲轴，然后从挂钩上断开柱塞锁销，顺时针转动曲轴，然后检查并确认柱塞伸出。

项目三 配气机构的结构与检修

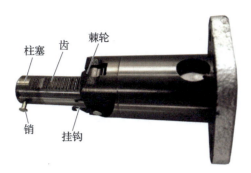

a）伸长状态　　　　　　b）压缩状态

图 3-10 链条张紧器

 气门传动组的检查

1. 检查凸轮轴

1）如图 3-11 所示，进行凸轮轴轴颈和凸轮外观检查，轻微的麻点或划伤可用油石修磨后再用，若有较严重的损伤或磨损过度，则需更换凸轮轴。检查与凸轮轴相配合的轴承盖、缸盖是否有损伤。

2）检查凸轮轴的弯曲度。如图 3-12 所示，以凸轮轴轴颈为支点，将凸轮轴支撑在 V 形架上，将百分表触头抵在中间轴颈上，转动凸轮轴一周，若 1ZR 发动机凸轮轴中间的轴颈径向圆跳动量超过了 0.04mm，则需予以校正或更换凸轮轴。

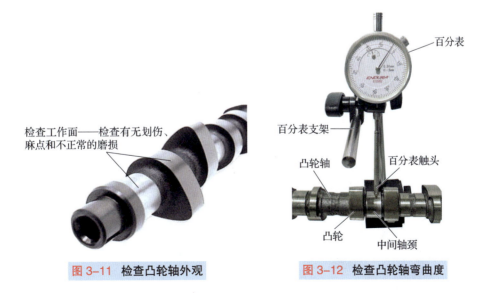

图 3-11 检查凸轮轴外观　　　图 3-12 检查凸轮轴弯曲度

3）检查凸轮轴的轴向间隙和径向间隙。如图 3-13 所示，检查凸轮轴的轴向间隙时，装上凸轮轴轴承盖，移动凸轮轴（箭头所示）查看其轴向间隙，磨损极限值为 0.17mm。

扫一扫

凸轮轴直径的检测

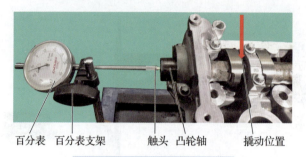

百分表　百分表支架　　触头　凸轮轴　　撬动位置

图 3-13　检查凸轮轴轴向间隙

如图 3-14 所示，检查凸轮轴的径向间隙时，清洁轴承盖和凸轮轴轴颈，将塑料间隙规摆放在各凸轮轴轴颈上，安装轴承盖，不要转动凸轮轴，拆下轴承盖。测量塑料间隙规最宽处，当凸轮轴 1 号轴颈间隙超过 0.085mm，其他轴径超过 0.09mm 时，需更换凸轮轴或气缸盖。

扫一扫

凸轮轴圆跳动的测量

气缸盖　凸轮轴　间隙规

图 3-14　检查凸轮轴径向间隙

4）检查凸轮轴轴颈。用外径千分尺测量左右两个截面相互垂直的两个方向的直径。如果超过磨损极限，需更换凸轮轴，如图 3-15 所示。

5）检查凸轮轴量测凸轮高度。如图 3-16 所示，采用千分尺测量凸轮左右两个截面的高度，如果低于限制值，更换凸轮轴。一般不能低于标准值 0.5mm，1ZR 发动机进气凸轮高度不能低于 42.666mm，否则需要更换凸轮轴。1ZR 发动机进气凸轮轴第一道基圆

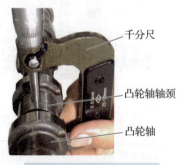

千分尺　凸轮轴轴颈　凸轮轴

图 3-15　检查凸轮轴轴颈

千分尺　凸轮　凸轮轴

图 3-16　检查凸轮轴凸轮高度

34.449～34.465 mm，其他 22.949～22.965 mm，如果轴颈直径不符合规定，需要检查油膜间隙。

6）如图 3-17 所示，利用压缩空气检查凸轮轴上的油道是否堵塞。

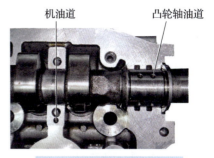

图 3-17　检查凸轮轴的油道

2. 检查正时传动带

就车检查正时传动带张紧度时，用手指在两带轮中间捏住正时带，以手指的力量能将正时带捏转 90° 为合适，或按下传动带，其挠度为 10～15mm。正时传动带到了一定的行驶里程或时间间隔，应对其进行更换。在平时维护时，应对其进行检查，检查方法如下。

如图 3-18 所示，正时传动带背侧应光滑无弹性并且用指甲压下时不会留下凹口，否则说明正时传动带硬化；检查正时传动带背部、齿根部等应无裂纹；检查传动带侧是否存在异常磨损，异常磨损时侧边会呈锯齿状；检查正时传动带齿部是否异常磨损或缺齿。

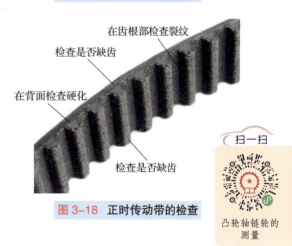

图 3-18　正时传动带的检查

扫一扫
凸轮轴链轮的测量

3. 检查正时链条和链轮

有的发动机带有链条张紧器检查窗，通过观察窗可以观察链条的伸长度，如图 3-19 所示，张紧器柱塞伸出 2 圈，链条可以正常使用，张紧器柱塞伸出 7 圈，需要更换链条。

将链条绕在链轮上，用游标卡尺测量链轮和链条的直径，如图 3-20 所示。1ZR 发动机进气、排气凸轮轴链轮和链条最小齿轮直径 96.8mm，曲轴链轮和链条最小齿轮直径 51.1mm。如果直径小于最小值，则更换链条和齿轮。

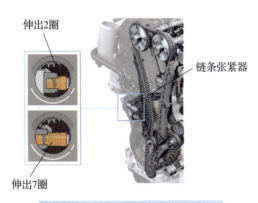

图 3-19　正时传动链条的就车检查

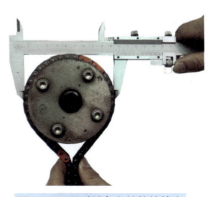

图 3-20　正时链条和链轮的检查

4. 气门间隙的检查

检查具有自动调整气门间隙功能的发动机气门间隙时，需要多次提高发动机转速，如果气门杆部发出异常噪声，使发动机暖机并怠速运转 30min 以上，再次进行以上检查。检查过程中如果发现其故障，则检查间隙调节器或液压挺柱。

未使用液压挺柱或气门间隙自动调节器的发动机，其气门间隙检查如下：

1）准备塞尺和木制或者塑料的楔条。

2）起动发动机并运转到正常温度，将发动机转速提高大约 2500r/min，运转 2min。

3）安装机油压力表或通过机油压力指示灯检查机油压力是否正常。

4）转动曲轴，直到被检查挺柱的凸轮朝上。

5）如图 3-21 所示，在凸轮的基圆朝下时，测量凸轮和挺柱之间的间隙，用木制或塑料楔条向下压住挺柱。如果凸轮轴和挺柱之间能放入 0.20mm 的塞尺，则液压挺柱工作不正常，需要检查是否是液压挺柱损坏，或液压挺柱承孔磨损，或气门杆被磨短等原因。

图 3-21　检查气门间隙

学习任务二　气门组的结构与检修

一　气门组的结构

发动机气缸内不断发生"爆炸"，必须持续输入新的燃料并及时排出废气，进、排气门在这过程中就扮演了重要角色。进、排气门是由凸轮控制的，适时地执行"开门"和"关门"这两个动作，使新鲜可燃混合气（缸外喷射发动机）或空气（缸内喷射发动机）得以及时进入气缸，废气得以及时从气缸排出。

如图 3-22 所示，气门组主要由进气门、排气门、气门弹簧、气门弹簧座、气门锁片、气门导管、气门油封等组成。气门处于关闭状态时，必须有一定的预紧力，否则容易漏气。气门密封时的预紧力和回位，都是依靠气门弹簧实现的。

图 3-22　气门组的组成

1. 气门

如图 3-23 所示，气门包括头部和杆部两部分，气门头部的锥面用来密封，通常采用 45°。气门杆部制成中空，可减轻重量。为了增加进气量，进气门通常都会比排气门大一些。因为一般进气是靠真空吸进去的，排气是挤压将废气推出，所以排气相对比进气容易。气门杆凹槽位置用于安装气门锁片，气门锁片可以将气门杆固定在气门弹簧座圈上，如图 3-24 所示。这也是为了获得更多的新鲜空气参与燃烧，因而进气门"头部"会大些。常见的发动机每个气缸有 2 个进气门和 2 个排气门。

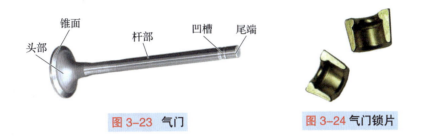

图 3-23 气门　　　　图 3-24 气门锁片

2. 气门座圈

气缸盖上与气门锥面相贴合的部位称为气门座，其位置如图 3-25 所示。气门座的温度较高，又承受频率极高的冲击载荷，容易磨损。气门座圈镶嵌在气缸盖上，在气门关闭后，气门锥面和气门座圈要配合密封，不能留下一丝"门缝"，否则会漏气。气门座圈与气门座圈孔采用较大的过盈配合，可采用热装法或冷装法装配。

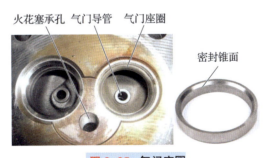

图 3-25 气门座圈

3. 气门导管和气门油封

气门导管的结构如图 3-26 所示，气门导管对气门的运动导向，保持气门正确的直线运动，使气门与气门座或气门座圈能正确贴合，还将气门杆接受的热量部分地传给气缸盖。为了防止气门导管在使用过程中松脱，有的发动机对气门导管用卡环定位。为了防止机油通过气门与气门导管之间的间隙渗入气缸，在气门导管上安装了气门油封。

图 3-26 气门导管和气门油封

> **技师引导** 气门油封因弹簧疲劳或其他原因损坏而漏机油,在学完本教材后,复习时思考一下,气门油封漏机油有哪些影响?

4. 气门弹簧及弹簧座

气门弹簧可以使气门自动回位关闭,保证气门与气门座的座合压力,吸收气门在开关过程中各传动零件产生的惯性力。如图 3-27 所示,气门弹簧采用圆柱形螺旋弹簧,一端支撑在气缸体上,而另一端则压靠在气门杆端的弹簧座上,弹簧座用锁片固定在气门杆尾部。安装时,弹簧节距大的一端朝上。

图 3-27 气门弹簧和弹簧座

高速发动机多数采用一个气门安装内外直径不同的两个气门弹簧,由于两个弹簧共振频率不同,这样可以防止共振现象。装用两个气门弹簧时,内外弹簧的螺旋方向应相反,这样可以防止折断的弹簧圈卡入另一个弹簧圈内。

二 气门组的拆卸和安装注意事项

1)准备图 3-28 和图 3-29 所示的气门弹簧钳、气门导管冲子等专用工具,不使用专用工具拆装气门组可能会损坏气缸盖或气门组零件。

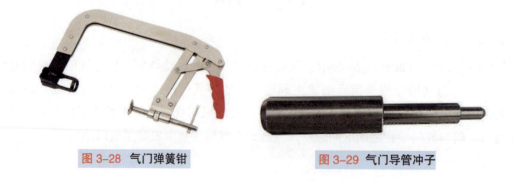

图 3-28 气门弹簧钳　　　　　图 3-29 气门导管冲子

2）如果需要更换气门导管、气门座圈等，则需要加热气缸盖时，严防发生火灾，要在周围至少放一个灭火器。

3）工作中要避免锋利刮刀、钢丝刷等刮伤气缸盖、气门等部件。

4）气缸盖下平面不能直接朝下，必须朝下时，垫上木块。不可以把气缸盖直接放在地面或金属工作台上，防止气缸盖上产生划痕。

5）如图 3-30 所示，按顺序拆下弹簧座圈、气门弹簧和气门，并按顺序摆放。如图 3-31 所示，气门顺序弄错，可能使气门与气门座圈配合不好，导致研磨气门困难。

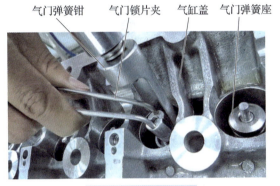

图 3-30　拆卸进气门

图 3-31　有序摆放零件

6）准备图 3-32 所示的气门油封拆装工具，拆卸气门油封时，注意进、排气门油封的颜色、大小区别，安装时，根据颜色、大小或其他标识区分进、排气门的油封。在新油封上及气门杆部涂抹一薄层发动机机油，使用专用工具压入油封。

7）安装完气门弹簧和锁片后，用塑料锤轻敲气门杆顶部以确保安装到位。

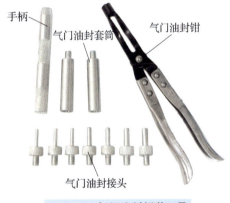

图 3-32　气门油封拆装工具

三　气门组的检修

1. 检查进气门和排气门

1）如图 3-33 所示，目测检查气门锁片凹槽是否出现破损或磨损，检查气门杆是否弯曲变形，清除气门头部上的积炭，查看气门头部工作面若有轻微的斑点和烧蚀，可以通过研磨予以修复。

2）如图 3-34 所示，用游标卡尺测量气门的总长，用千分尺测量杆部的直径，用游标卡尺测量气门边缘的厚度。1ZR 发动机进气门标准长度为 109.34mm，长度小于 108.84mm

时，需要更换气门，进气门标准直径为 5.470~5.485 mm，否则需要更换气门及检查气门导管磨损情况。

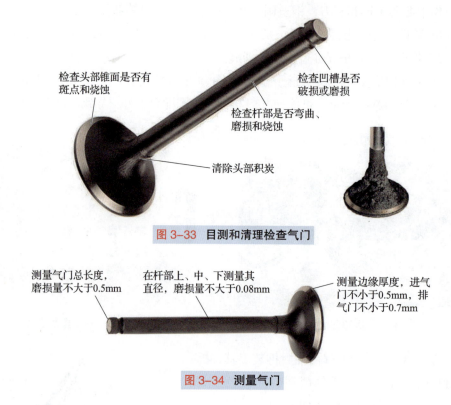

图 3-33 目测和清理检查气门

图 3-34 测量气门

2. 检查气门导管

气门导管润滑困难，其主要损坏形式是磨损过度。用内径规测量内径，将其值减去气门直径即为油膜间隙，进气门油膜间隙超过 0.08mm 需要气门和气门导管。

也可以用经验法检查油膜间隙，如图 3-35 所示，将气门杆部和气门导管清理干净，在气门杆上涂抹一层机油后放入气门导管中，上下拉动气门数次，然后提起气门，如果松开手后气门慢慢下落则正常。如果迅速下落，说明此间隙过大。如果不能下落，说明气门杆部发生变形，需更换。

如果更换气门导管，需要将气缸盖加热 80~100℃，更换气门导管后，需要测量其高度，进气门导管凸出高度为 9.9~10.3mm。

图 3-35 经验检查气门导管

3. 检查气门弹簧

气门弹簧的损坏包括裂纹、磨损、自由长度变短、变形和弹力降低等，其中最常见的损坏形式是自由长度变短和弹簧变形。

如图 3-36 所示，使用游标卡尺可以测量气门弹簧的自由长度，一般要求其自由长度不小于标准长度的 1mm，卡罗拉 1ZR 发动机气门弹簧长度为 53.36mm。如图 3-37 所示，使用钢角尺测量气门弹簧的偏移量，气门弹簧的轴线与端面应垂直，一般要求不垂直度误差不大于 2° 或 1mm。

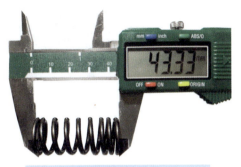

图 3-36 测量气门弹簧的自由长度　　图 3-37 测量气门弹簧的偏移量

4. 检查气门与气门座圈的同心度

为了确认气门锥面与气门座圈是否密封，需要检查气门与气门座圈的同心度。目测检查气门座圈，轻微损伤可以研磨维修，严重损伤需要更换。

1）在气门锥面上涂抹一层红丹油，再将气门安装到气缸盖上。

2）将气门压紧在气门座圈上，并转动数圈后将气门拆下。

3）目测检查气门锥面和气门座圈的磨损痕迹应该围绕整个锥面，并且连续均匀，如图 3-38 所示。

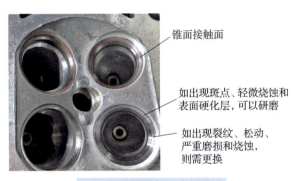

图 3-38 检查气门座圈锥面

4）用钢直尺检查气门座圈中接触面的宽度，应在 1.0~1.4mm 之间，如图 3-39 所示。

5）如图 3-40 所示，检查气门座圈接触面在气门锥面的中部，距离外径至少 0.5mm，气门座宽度应在 1.0~1.4mm 之间。

图 3-39 测量气门座圈接触面宽度

图 3-40 测量气门接触面

5. 铰削气门座圈

气门座圈与气门接触位置可以被抬高或降低,这是通过切除或磨削气门座的上部或下部来实现的,准备好。

1)在整修气门座之前,检查气门导管与气门杆之间的间隙。必要时,更换气门导管。根据气门导管的内径,选择相适应的铰刀导杆,铰刀导杆结构如图 3-41 所示。

2)砂磨硬化层。由于气门座存在硬化层,在铰削时,往往使铰刀滑溜,遇此情况时,可用图 3-42 所示铰刀状砂磨石打磨气门座,或用粗砂布垫在铰刀下面先进行打磨,然后再进行铰削。

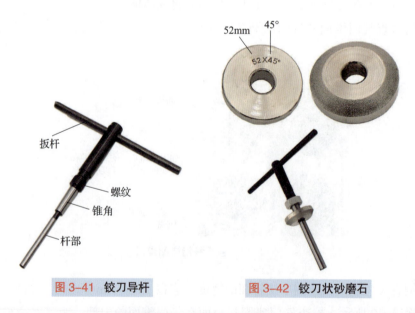

图 3-41 铰刀导杆　　图 3-42 铰刀状砂磨石

3)选择铰刀。根据气门直径选用合适的气门座铰刀。如图 3-43 和图 3-44 所示,选用 45°粗铰刀,用力要均匀,转速要一致,防止起棱,要使气门座宽度大于规定值。铰削气门座时，在消除凹陷、斑点时铰削量要尽量的小，用力要均匀，轻起轻落。

图 3-43 铰刀

4）用气门进行试配，检查密封锥面的接触位置，应在气门锥面接触面居中略偏向锥面小端，若接触位置偏上，可用 30° 铰刀铰削，如果接触位置偏下，可用 75° 铰刀铰削下口。

5）将进、排气门工作锥面宽度修整在进气门 1~2.2mm，排气门 1.5~2.5mm。

6）选用 45° 细铰刀精铰气门座，或在铰刀下垫砂纸光磨气门座。

图 3-44 磨去硬化层

6. 研磨气门和气门座圈

气门与气门座圈有轻微麻点，或气门座经过光磨和铰削后气门和气门座密封仍不严密，则需要研磨。

1）清洗气门、气门座及气门导管等处。将气门上做好记号，以免在操作中弄错顺序。

2）准备好图 3-45 和图 3-46 所示的研磨砂和气门捻子，在气门工作锥面上涂上一层粗研磨砂，如图 3-47 所示，在气门杆部涂上机油，利用气门捻子吸住气门顶部，使气门锥面和气门座发生摩擦，如图 3-48 所示。

图 3-45 研磨砂

图 3-46 气门捻子

技师引导 研磨气门时要注意，不要过分用力将气门上下敲打，否则气门或气门座上会出现凹形砂痕，影响维修寿命。研磨气门时，不要将研磨砂弄到气门杆部，否则气门杆部和气门导管发生磨料磨损，会降低维修质量。

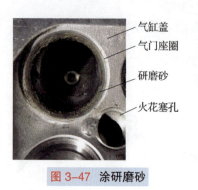

图 3-47 涂研磨砂

图 3-48 研磨气门

3）细研。当气门头部工作锥面出现一条完整无斑痕的接触环带时，洗去粗研磨砂，换用细研磨砂进行研磨。

4）油研。当气门锥面上的接触环带的颜色变成灰色时，将气门、气门座及气门导管清洗干净，涂上干净的机油继续研磨几分钟后再试漏。

5）试漏。选择渗油法或画线法对气门与气门座的密封进行试漏，如果渗漏，需要重新研磨。将气门轻拍打在相应气门座上，将汽油浇在气门顶面上，如 5min 内不渗漏，表面气门与气门座密封良好。

学习任务三　配气相位和可变气门正时的原理和检修

 配气相位的原理和检修

1. 配气相位的原理

发动机运转时每个行程所占时间很短，为此，气门的开启和关闭时刻已不在上、下止点处，采用提前打开和迟后关闭的办法来延长进、排气时间。为了清楚地表达气门提前打开和迟后关闭的时间，采用曲轴转角来表示的进、排气门的开启时刻和开启延续时间，即配气相位。通常用环形图来表示配气相位的关系，即配气相位图，如图 3-49 所示。

进气门提前打开可以减小进气阻力，当活塞从上止点下行时，气门已经有了大的进气通道。从进气门开到上止点曲轴所转过的角度称作进气提前角，记作 α，α 角一般为 $10°\sim30°$。进气门迟闭可以利用进气气

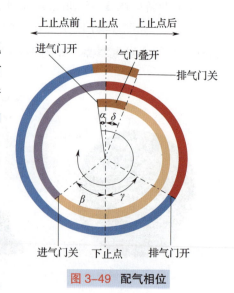

图 3-49 配气相位

流的惯性多进气，增加进气量。从进气行程下止点到进气门关闭曲轴转过的角度称作进气迟后角，记作 β，β 角一般为 40°~80°。

排气门早开可以使排气行程开始时气门有较大开度，减少排气阻力。从排气门开启到下止点曲轴转过的角度称作排气提前角。记作 γ，γ 角一般为 40°~80°。排气门迟闭可以利用废气的惯性多排气，排气门要迟闭。从上止点到排气门关闭曲轴转过的角度称作排气延迟角，记作 δ，δ 角一般为 10°~30°。

如图 3-50 所示，由于进气门的早开、排气门的迟闭使进排气门有同时开启的情况，进排气门同时开启所对应的角称气门重叠角，其大小为 α 与 δ 之和。

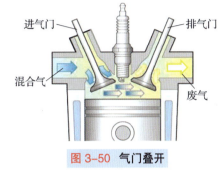

图 3-50 气门叠开

2. 配气相位的检修

1）将发动机运转到正常温度后熄火，此时液压挺柱已经工作正常。

2）准备和传动带盘相同大小的量角器，或准备图 3-51 所示辅助纸板贴在曲轴传动带盘上。

3）在 1 缸进气凸轮基圆朝液压挺柱时，将百分表触头抵在 1 缸进气门液压挺柱或进气门上，转动曲轴，观察百分表表针偏转时，曲轴传动带盘正时记号与壳体上正时记号之间的夹角，即 1 缸进气提前角。

4）按同样方法检查 1 缸进气迟后角，及排气提前角和排气迟后角。

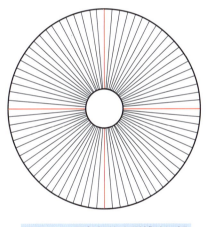

图 3-51 配气相位实训辅助纸板

二、可变气门正时控制系统的原理和检修

1. 可变气门正时控制系统的原理

随着技术的发展，可变气门正时逐渐代替固定不变的气门正时，可变气门正时系统在低转速时，让进气门打开提前量小，以避免吸入废气；在高转速时，让进气门打开提前量大，以增大进气量。

技师引导 可变气门正时系统可以代替废气再循环系统。如图 3-52 和图 3-53 所示，废气再循环系统（简称 EGR）是根据冷却液温度、节气门位置、空气流量信号及 EGR 阀位置信号，精确控制 EGR 阀针阀位置，将一部分废气回送到进气歧管，并与新鲜混合气一起再次进入气缸。返回气缸的废气使混合气稀释，降低了最高燃烧温度，进而降低 NOx 排放。

由于可变正时系统可以实现废气再循环的功能，所以外置的 EGR 系统逐渐被替代。

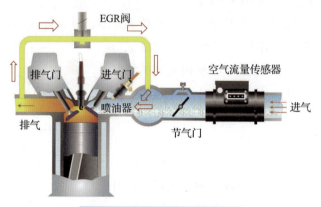

图 3-52　废气再循环控制系统

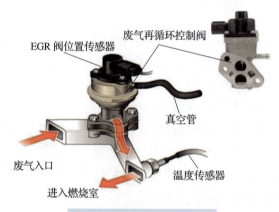

图 3-53　废气再循环控制阀

可变气门正时控制系统可以采用正时带或正时链条将动力传给凸轮轴，如图 3-54 所示，低温、低负荷低速时，可变气门正时控制系统通过进气 VVT 控制器来延迟进气门的打开时刻，提前排气门的关闭时刻，可减少气门重叠，以减少废气逆吹入进气管，从而达到稳定怠速、提高燃料消耗率和起动性能。

图 3-54　链条传动的可变气门正时控制系统

中等负荷，或者高负荷中低速时，VVT-i 提前进气门的打开时刻，推迟排气门的关闭时刻，增加气门重叠角度，以增加 EGR 率和降低泵气损失，从而改善了排放控制和燃料消耗率。高负荷高速时，VVT-i 控制提前排气门的打开时刻，可以减少泵气损失，延迟进气门的关闭时刻，可以提高充气效率，从而提高发动机的输出功率。

可变气门正时（VVT）系统包括ECU、凸轮轴正时机油控制阀和VVT控制器、VVT传感器（凸轮轴转速传感器）等。如图3-55所示，ECU根据来自曲轴转速传感器和VVT传感器、进气量、节气门位置和发动机冷却液温度等参数，向凸轮轴正时机油控制阀总成传送占空比控制信号（图3-56），用来调节提供给VVT控制器的机油压力。

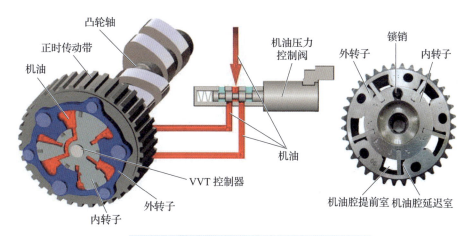

图3-55 可变气门正时（VVT）系统工作原理

占空比信号是指在一个脉冲循环内，通电脉宽时间相对于周期所占的比例。

图3-56 占空比信号

VVT控制器处于初始位置时，机油控制阀的占空比通常为0，阀芯没有移动。VVT控制器右腔油压大于左侧油腔油压，外转子与内转子之间没有发生相对转动，及凸轮轴相对曲轴正时没有调节。通常进气VVT基准位置为进气配气相位滞后位置，即进气门滞后打开和关闭。

当机油控制阀的占空比逐渐加大，阀芯向上移动位置，如图3-57所示，VVT控制器左腔（A腔）压力逐渐加大，当左腔压力克服右腔压力和其他阻力后，VVT控制器内转子和凸轮轴顺时针转动，进气门将提前打开和关闭。

如图3-58所示，当ECU控制机油控制阀向下移动，进入右腔（B腔）的油压增高，左腔（A腔）机油通过机油控制阀

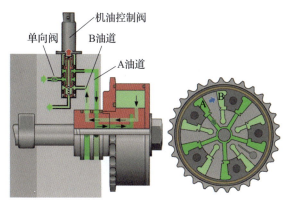

图3-57 提前调节

卸压，右腔压力大于左腔压力，VVT控制器内转子和凸轮轴逆时针转动，进气门将滞后打开和关闭。

当转子转动一定角度后，控制机油控制阀的占空比信号大约在50%左右，如图3-59所示，VVT控制器左右两侧油腔同时供油，外转子和内转子保持在该相对位置。通常VVT介入调解后，大部分时间工作在某一角度的动态稳定位置。

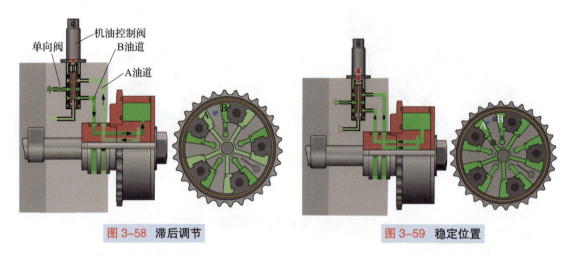

图3-58 滞后调节　　　　　　　　　　　图3-59 稳定位置

VVT控制器通过机油压力调节凸轮轴转角，使凸轮轴和曲轴之间的相对位置达到最佳，从而使各种行驶条件下的发动机转矩增加，燃油经济性得到改善，废气排放量减少。

2. 可变气门正时系统的检修

（1）凸轮轴正时机油阀的检修　凸轮轴正时机油阀是调节机油的压力，实现对凸轮轴调节液压腔体内机械部件之间的间隙，从而实现对配气时间提前、滞后的控制。如图3-60所示，凸轮轴正时机油阀主要由电磁铁、挺杆、调节活塞、弹簧等组成。ECU通过控制电磁铁的占空比大小即可控制调节活塞的位置。

如图3-61所示，检查凸轮轴正时机油阀的电阻及工作情况，参考图3-62所示检查

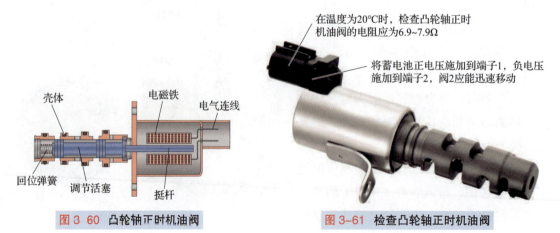

图3-60 凸轮轴正时机油阀　　　　　　　图3-61 检查凸轮轴正时机油阀

两条接线是否断路和短路。如图 3-63 所示，检查机油控制阀滤清器，检查滤网有无阻塞。滤网破损会使异物进入阀内，使凸轮轴正时机油阀不能回位，从而导致微小压力泄漏。

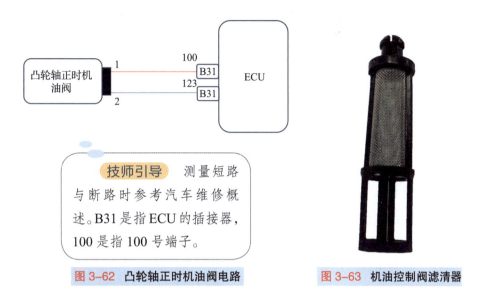

技师引导　测量短路与断路时参考汽车维修概述。B31 是指 ECU 的插接器，100 是指 100 号端子。

图 3-62　凸轮轴正时机油阀电路　　图 3-63　机油控制阀滤清器

（2）VVT 传感器的检修　VVT 传感器感应凸轮轴位置，它与曲轴位置传感器配合，用来检测实际的配气正时，从而实现对配气正时反馈控制。丰田 1ZR 发动机采用磁阻式 VVT 传感器，其电路如图 3-64 所示，检查线路有无短路和断路。检查 VC 的电压是否在 5V 左右。检查凸轮轴位置传感器的安装情况等。检查正时记号是否对齐。

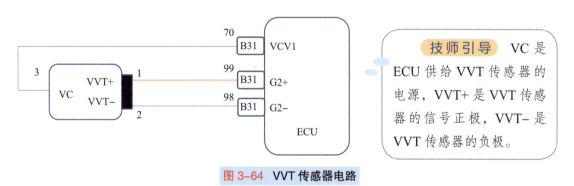

技师引导　VC 是 ECU 供给 VVT 传感器的电源，VVT+ 是 VVT 传感器的信号正极，VVT- 是 VVT 传感器的负极。

图 3-64　VVT 传感器电路

（3）VVT 控制器的检修　如图 3-65 所示，检查进气凸轮轴 VVT 控制器的锁止情况；用胶带密封 1 号轴承盖进气侧上的 VVT 油孔，在胶带上刺出一个孔；在孔中施加约 150kPa 的压缩空气，以松开锁销；用力将 VVT 控制器总成朝提前方向（逆时针）转动；在可移动范围（26.5°~28.5°）内转动 VVT 控制器总成 2~3 次，但不要将其转到最大延迟位置。VVT 控制器应转动顺畅，否则需要更换。

按同样方法检查排气 VVT 控制器，不同的是，需要在孔中施加约 2000kPa 的压缩空气。

汽车发动机构造原理与检修（彩色版配实训工单）

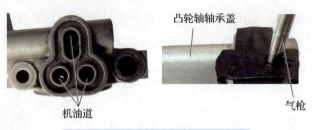

图 3-65　检查 VVT 控制器锁止情况

三　可变气门升程控制系统的原理和检修

1. 可变气门升程控制系统的原理

传统的汽油发动机的气门升程是固定不可变的，这使发动机在高速区和低速区都得不到良好响应。有的可变气门正时控制系统只能调节凸轮轴转动的角度，有的可变气门正时系统，不仅仅能调节凸轮轴的转动角度，还可以通过切换大小凸轮来调节气门的升程，进而控制进排气量，如图 3-66 所示。

通过调节气门升程和可变气门正时，可以实现以下功能：防止废气回流；气门打开得更早，提升了充气效率；排气更充分；在较低转速和较高增压压力下达到更高的转矩等。

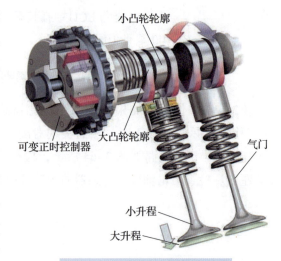

图 3-66　可变气门升程控制系统

2. 可变气门升程控制系统的组成

（1）凸轮轴　可变气门升程控制系统包括凸轮轴、凸轮件、气门升程控制阀、进气门和排气门、发动机电控单元和相关传感器等。可变气门升程控制系统的凸轮轴和传统发动机的凸轮轴结构不同，如图 3-67 所示，该凸轮轴上有外花键，凸轮件可以在凸轮轴上轴向移动。

（2）凸轮件　四缸发动机可变气门升程控制系统的凸轮轴上有个凸轮件，每个凸轮件控制对应气缸两个进气门或排气门的开闭。大众 EA888 发动机可变气门升程技术仅配备

图 3-67　可变气门升程控制系统的凸轮轴

在排气侧的凸轮轴上，通过切换两组升程不同的凸轮来实现调节排气门开度的目的。凸轮件的结构如图3-68所示，它带有内花键，可以在凸轮轴上移动。凸轮件上有两对大小不同的凸轮，可以控制排气门不同的升程。气门升程控制阀接合凸轮件上的螺旋形滑动槽，可以控制凸轮件的移动。每个凸轮件有两个气门升程控制阀来控制它的移动。凸轮轴和凸轮件之间还有定位装置，通过定位装置中的弹簧和钢球可以将凸轮件定位在一定的位置上，如图3-69所示。

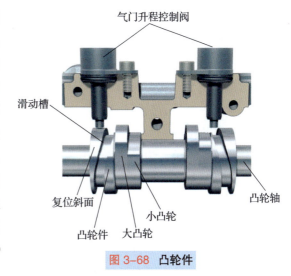

图3-68 凸轮件

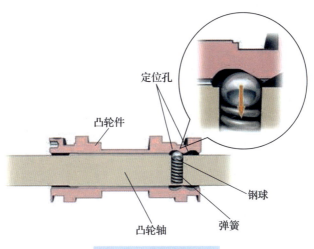

图3-69 凸轮件的定位

（3）气门升程控制阀　在两个气门升程控制阀的辅助下，每个凸轮件在排气凸轮轴上在两个切换位置之间被来回推动。每个气缸的一个气门升程控制阀切换到更大的气门升程，另一个气门升程控制阀切换到更小的气门升程。每个气门升程控制阀都是由发动机控制单元控制启动。

如图3-70所示，气门升程控制阀由电磁线圈、铁心、永久磁铁、金属销等组成。金属销被永久磁铁固定在执行器壳体中的相应位置，当电流通过执行器电磁线圈时，金属销开始移动，伸

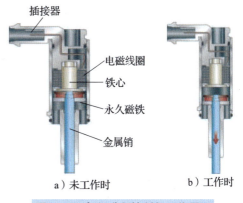

图3-70 气门升程控制阀工作原理

展的金属销接合到排气凸轮轴上凸轮件的相关滑动槽中。凸轮轴带动凸轮件一起旋转，由于气门升程控制阀的金属销接合在滑动槽中，凸轮件会被推动到相应的位置。

凸轮件的两个执行器被启动时，总是只有一个执行器上的金属销移动。发动机控制单元根据重置信号得知金属销的当前位置。当复位斜面推动执行器的金属销回到元件的导管中时，生成一个重置信号。发动机管理系统可根据哪个执行器发出重置信号来确定相关滑动装置的当前位置。

发动机控制单元为了使发动机较低转速时的气体交换性能更佳，它通过凸轮轴调节器将进气凸轮轴提前，将排气凸轮轴延迟。如图3-71所示，发动机控制单元还控制右侧排气门升程控制阀移动金属销，接合滑动槽，并将凸轮件移至小凸轮轮廓。气门现在沿着较小的气门轮廓上下移动。两个小凸轮的位置在某种程度上是交错的，确保气缸两个排气门的开启时间是错开的。这两项措施会导致在废气被从活塞中排到涡轮增压器中时，废气气流的脉动减小，从而可在低转速范围达到较高的增压压力。

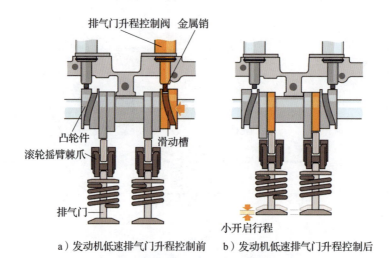

a）发动机低速排气门升程控制前　　b）发动机低速排气门升程控制后

图3-71　低速时气门升程控制阀工作原理

驾驶人加速，并从部分负载改变为全负载，气缸内的气体交换必须适应更高的性能需求。发动机电控单元通过凸轮轴调节器将进气凸轮轴提前，将排气凸轮轴延迟。为了提升发动机充气效率，排气门需要最大的气门升程。此时，如图3-72所示，左侧排气门升程控制阀被启动，其金属销伸出，金属销通过滑动槽将凸轮件移向大凸轮。排气门现在以最大的升程打开和关闭。凸轮件也通过凸轮轴中的弹簧加载式球体被固定在此位置。

3. 可变气门升程控制系统的检修

如果一个气门升程控制阀发生故障，则无法再执行气门升程切换功能。此时，发动机电控单元会尝试将所有气缸切换为最近成功的一次气门升程状态。如果可切换到较大的气门升程位置，故障存储器中也会存储故障。在这种情况下，不限制发动机转速，且EPC

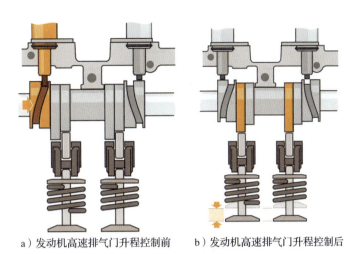

a）发动机高速排气门升程控制前　　　b）发动机高速排气门升程控制后

图 3-72　高速时气门升程控制阀工作原理

灯不亮起。如果不成功，则所有气缸会切换至更小的气门升程位置，发动机转速限制在 4000r/min，故障存储器中记录下故障，EPC 警告灯亮起。

排气门升程控制阀位置如图 3-73 所示，将其拆下后，检查其电阻应符合标准值，施加 12V 电源后，气门升程控制阀电磁线圈应能使金属销向外移动，否则应该更换。查找维修手册，检查其电路有无故障，检查方法参考凸轮轴正时机油控制阀和图 3-74 所示电路图，此处不再赘述。

图 3-73　排气门升程控制阀位置

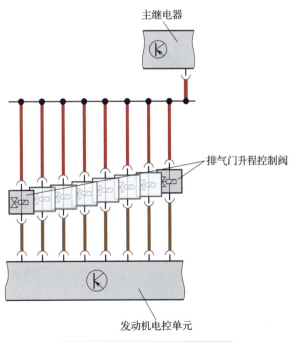

图 3-74　排气门升程控制阀电路

项目四
燃料供给系统的工作原理与检修

学习任务一　空气供给系统的结构与检修

 发动机空气供给系统

燃料供给系统包括空气供给系统、燃油供给系统和电控系统。发动机空气供给系统包括进气系统和排气系统。图4-1所示发动机进气系统包括空气滤清器、进气总管、进气软管、进气歧管、节气门、中冷器等。排气系统主要作用是将气缸内燃烧的废气排到大气中，它主要包括引导废气排出的排气歧管，净化排气的三元催化转化器，降低噪声的消声器等。

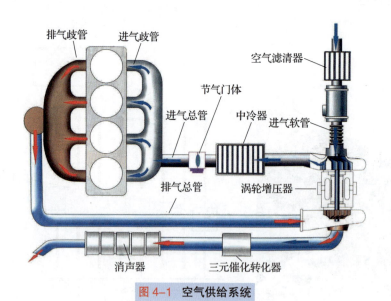

图4-1　空气供给系统

1. 空气滤清器

如图4-2所示，空气滤清器内部安装了用于过滤空气的滤芯，它负责过滤空气中的杂质。空气滤芯一般是纸质的，使用到一定程度会出现被尘土堵塞等现象，一般汽车行驶

5000~6000km（或 3 个月）需要对其清洁或更换。

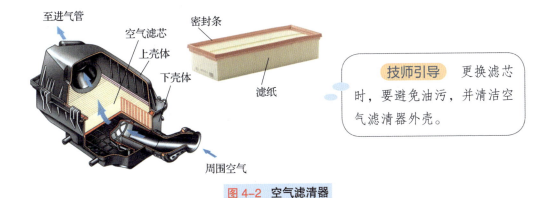

图 4-2　空气滤清器

技师引导　更换滤芯时，要避免油污，并清洁空气滤清器外壳。

2. 进气管

发动机进气管包括进气总管和进气歧管。如图 4-3 和图 4-4 所示，进气总管包括进气软管和稳压箱等部分，稳压箱能缓和空气的脉冲，进气软管可以起到缓冲和伸缩等作用。进气歧管位于节气门与进气门之间，它是将混合气或空气均等分送到各个气缸，长型进气歧管具有进气脉冲效果，可调高气缸的容积效率。

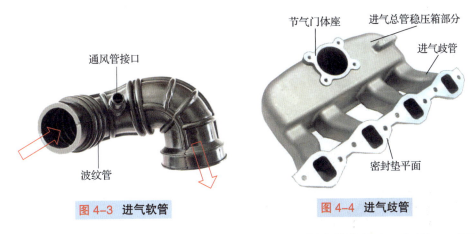

图 4-3　进气软管　　　　图 4-4　进气歧管

可变进气歧管是通过改变进气管的长度或截面积，提高燃烧效率。如图 4-5 所示，发动机低转速时，控制阀关闭，进气歧管变长，增加进气的速度和压力，让混合气混合更充分，使得发动机在低速时运行更平稳，转矩更充足。发动机高转速时，控制阀打开，进气歧管变短，气流绕开下部导管直接进入气缸，这有利于增大进气量，使发动机高速运行更顺畅，功率更大。

3. 节气门体

节气门主要的作用就是控制进入气缸的空气量。现在很多发动机已经不再采用传统拉索控制的节气门,而是采用电子节气门,如图4-6和图4-7所示。电子节气门体上有电动机,电机被ECU驱动控制节气门开度。

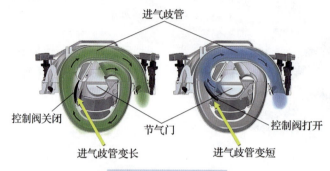

图4-5 可变进气歧管

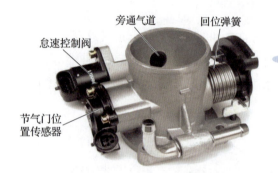

> **技师引导** 发动机维持自身运转的最低转速即为怠速。在怠速时,节气门不打开,空气通过旁通气道进入气缸。
> 为了避免低温时节气门体结冰,节气门体上有管道连接到冷却液管道上,用来对其加热。

图4-6 拉索控制节气门体

> **技师引导** 电子节气门配合发动机电控系统工作,可以实现怠速控制、废气再循环控制、自动变速器控制、车身电子稳定控制等功能。

图4-7 电动机控制节气门体

4. 排气管

排气歧管要防止排气出现紊流,各缸排气歧管尽可能独立,长度尽可能相等,如图4-8所示。排气软管能起到减少振动,降低噪声,方便安装等作用。排气管的密封垫表面采用的是纯铜材料,纯铜材质非常柔软,可以起到良好的密封作用,中间层使用的是耐高温石棉材料,可以在高温工作环境下保持垫片良好的耐用性,如图4-9所示。

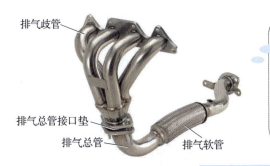

> 排气尾管处漏水是正常现象,这是因为汽油完全燃烧后生成水和二氧化碳,水在高温下是水蒸气,当气温低时,水蒸气凝结成水。

图4-8 排气歧管

图4-9 排气管接口垫

如图4-10所示,有的发动机将排气歧管集成安装到气缸盖中,这样可以借助冷却系统降低废气温度,废气温度在抵达涡轮增压器之前就可以将温度显著降低,进而可以保护涡轮,特别是在高转速工况下,可以实现提升燃油效率,减少二氧化碳排放。集成式排气歧管的热量也可以让冷却系统的冷却液在暖机阶段热得更快,进而可以帮助发动机快速达到最佳的温度工况,提升燃油效率。

排气管通常使用吊胶悬挂在车身底板下,当车辆在有凹坑道路行驶时,容易碰伤排气管,如图4-11所示。

图4-10 集成于气缸盖的排气歧管　　图4-11 排气管吊胶

5. 消声器

排气消声器的作用就是通过降低、衰减排气压力的脉动来消除噪声，其结构如图 4-12 所示。如图 4-13 所示，汽车消声器尾管又叫汽车尾喉，它是安装在原装排气尾端的部件。汽车消声器尾管主要起装饰作用，它能防止汽车尾气管变形外，还起到减少噪声的作用。

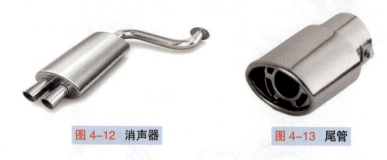

图 4-12　消声器　　　　　图 4-13　尾管

6. 三元催化转化器

如图 4-14 所示，三元催化转化器是安装在汽车排气系统中最重要的机外净化装置，它可将汽车尾气排出的 CO（一氧化碳）、HC（碳氢化合物）和 NO_x（氮氧化合物）等有害气体通过氧化和还原作用转变为无害的二氧化碳、水和氮气。催化剂用的是金属铂、铑、钯，将其中一种喷涂在载体上，就构成了催化反应体。

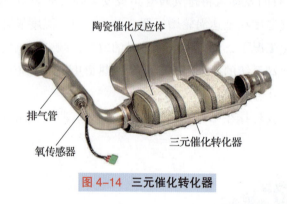

图 4-14　三元催化转化器

二　发动机空气系统的拆装注意事项

1）空气滤芯、节气门体等一旦从进气歧管上拆卸后，要防止异物掉入进气歧管内。安装时务必再次检查确认无异物，否则会对发动机造成严重损伤。

2）勿将清洗剂喷口朝人，万一不慎将清洗剂喷到人体，用大量清水冲水，并立即就医。

3）在排气系统消声器、三元催化转化器等的检查与更换时要注意三元催化转化器的温度，以防烫伤。

三 发动机空气系统的检修

1）纸质空气滤芯一旦浸入油液或水分，滤清阻力就会急剧增大，检查空气滤芯如有潮湿或浸水的痕迹，必须更换新件。

2）节气门体的清洗与检修流程如图4-15所示，许多轿车在清洗节气门体后，怠速会升高，需要使用诊断仪进行调试。

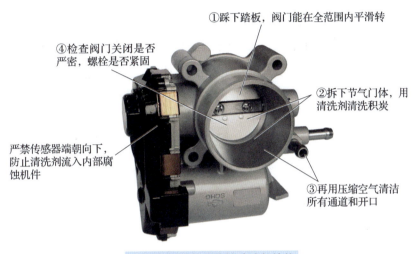

图4-15 节气门体的清洗与检修

3）通过观察排气管道上有没有漏气的痕迹或破裂及其他损坏现象，如果存在漏气的现象，漏气处会留下黑色的烟煤；起动发动机，倾听或用手靠近排气管道感觉是否存在漏气。

4）检查三元催化转化器是否损坏。检查三元催化转化器外观是否有凹痕或其他损伤，是否存在斑点或变色；用橡胶锤敲击是否有物体移动的声音，如有，说明三元催化转化器已经损坏。通过测量三元催化转化器氧传感器处背压或拆下三元催化转化器用手电筒照射等方法，检查三元催化转化器有无堵塞。

学习任务二 燃油供给系统的工作原理与检修

燃油供给系统是燃料供给系统的最主要的组成部分。目前普通（缸外）喷射发动机主要指将燃油喷射在进气歧管的发动机，其燃油供给系统主要包括燃油箱、电动燃油泵、燃油滤清器、燃油分配管、喷油器、油压调节器、回油管等，如图4-16所示。目前，很多发动机已经取消了回油管。

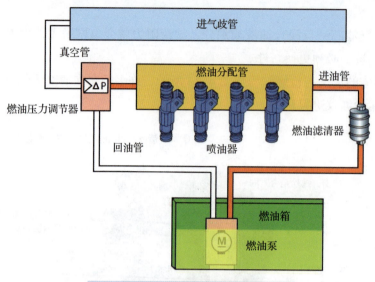

图 4-16 缸外喷射发动机燃油供给系统

一、燃油供给系统的工作原理

1. 电动燃油泵

电动燃油泵的作用是提供给燃油供给系统足够压力的燃油。通常燃油泵安装于油箱内，与燃油油量表测量装置结合为一个整体。燃油泵的结构如图 4-17 所示，它是由电枢、电刷、单向阀、卸压阀等组成。油泵转子通电时旋转将燃油从进油口吸入，当达到一定值

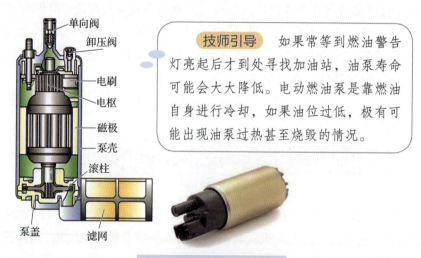

技师引导 如果常等到燃油警告灯亮起后才到处寻找加油站，油泵寿命可能会大大降低。电动燃油泵是靠燃油自身进行冷却，如果油位过低，极有可能出现油泵过热甚至烧毁的情况。

图 4-17 电动燃油泵的结构

时，顶开单向阀经出油口输出。单向阀用于在电动燃油泵不工作时阻止燃油流回油箱，保持油路中有一定的残余压力，便于下次起动。滤网安装在电动燃油泵燃油入口，用于过滤大的杂质。

2. 燃油滤清器

燃油滤清器主要功能是滤除燃油中的杂质。一般 4~6 万 km 需要更换燃油滤清器，如果燃料杂质含量大时，燃油滤清器内部的滤纸容易堵塞，更换里程应相应缩短。如图 4-18 所示，燃油滤清器上标有燃油流动方向，不能装反。当更换燃油滤清器或油管后，油路中没有足够的油压会影响发动机起动。可以打开点火开关拨至 ON 档，2~3s 后，拨至 OFF 档，如此重复 3~5 次来补充油压。

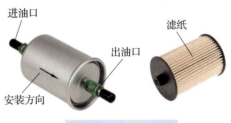

图 4-18　燃油滤清器

3. 燃油压力调节器

燃油压力调节器的结构如图 4-19 所示，它是由真空管接头、弹簧、阀门等组成。燃油压力调节器功能是使燃油管路与进气歧管之间的压力差保持恒定的 0.25~0.30MPa，这样 ECU 控制喷油器通电时间长短就可以精确控制喷油量。

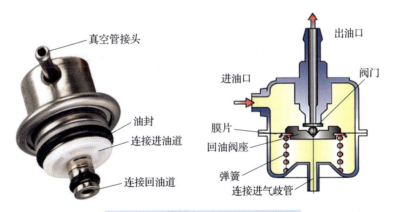

图 4-19　燃油压力调节器结构和原理

为了保证能提供足够的燃油压力和油量，必须提供比实际需要更多的油量，这使燃油多次往返流动而升温，因而会造成燃油箱内产生大量的燃油蒸气。为了减少燃油箱内产生燃油蒸气，很多汽车采用了无回流燃油供给系统。无回流燃油供给系统的压力调节器如图 4-20 所示，它没有和真空管连接，无论发动机工况如何，压力调节器保持稳定的压力。ECU 快速改变喷油器的脉冲宽度来适应当前工况的燃油量。

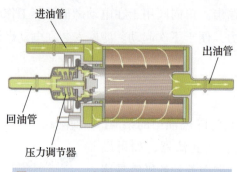

图 4-20 无回流燃油供给系统压力调节器

4. 喷油器

如图 4-21 所示，喷油器安装在燃油分配管上，燃油分配管的功用是将汽油均匀、等压地输送给各缸喷油器。由于其容积较大，有储油蓄压、减缓油压脉动的作用，如图 4-22 所示。

喷油器的结构如图 4-23 所示，主要由燃油滤网、电磁线圈、阀体、阀座、回位弹簧等组成。当喷油器的电磁线圈接通电流时，线圈产生电磁力吸引阀体，当电磁吸力大于回位弹簧的弹力，阀体上升阀门被打开，燃油便从喷孔喷出。

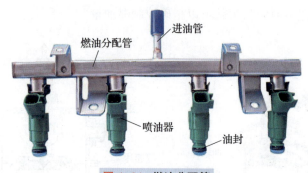

图 4-21 燃油分配管

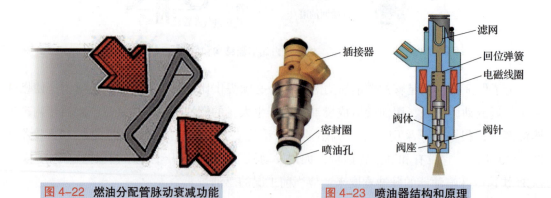

图 4-22 燃油分配管脉动衰减功能　　　　图 4-23 喷油器结构和原理

喷油器是电控系统的执行器,电控单元根据发动机不同的运转状况,控制不同的脉冲宽度信号给喷油器,喷油器接收ECU送来的喷油脉冲信号,根据信号的长短,精确地控制燃油喷射量。

二、燃油供给系统拆装注意事项

1. 燃油系统卸压的方法

通过断开燃油泵熔丝或燃油泵继电器或燃油泵插接器(图4-24)等方法,断开燃油泵电路。起动发动机。待发动机自动熄火后,关闭点火开关。再次起动发动机,确认发动机不起动。

技师引导 根据维修经验,需要重复起动发动机2~3次。在等待发动机自然停止时,不要提高发动机转速。进行卸压之后,燃油管路中保留部分压力。断开燃油管路时,用棉丝抹布或一块布盖住,以防燃油喷出或涌出。

图4-24 燃油泵插接器

2. 检查燃油压力的方法

1)卸压后,准备图4-25所示的安装燃油压力表,安装燃油压力表,1ZR发动机标准燃油压力为304~343kPa,发动机停机后5min燃油压力不低于147kPa。

2)在拆卸油管之前,应擦除滤清器进出油管接口处的污物,在拆卸油管后,应用碎步将进油管和出油管堵住,避免污物进入油管内污染燃油,加剧喷油器的磨损或会造成喷油器堵塞。

3)拆卸和安装油管时,可以在鲤鱼钳和油管之间垫放棉纱或碎步,避免用鲤鱼钳直接夹在油管上而损坏油管。

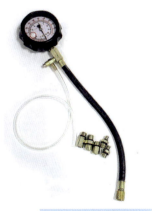

图4-25 燃油压力表

4）燃油箱内燃油严重不足时，不要运转发动机，防止未燃混合气进入三元催化转化器后对其造成损坏。

5）避免橡胶或皮制零件接触到汽油。

6）作业位置附近不能有任何火源及高温设备。

 燃油供给系统的检修

1. 就车检查喷油器

1）检测电磁喷油器的电压。喷油器的电路如图 4-26 所示，拔下喷油器的插接器，将点火开关置于 ON 位置，检查插接器上供电端子 1 与搭铁之间的电压，应为 12V 左右。如电压为 0V，说明电源电路不通，应进行检修。

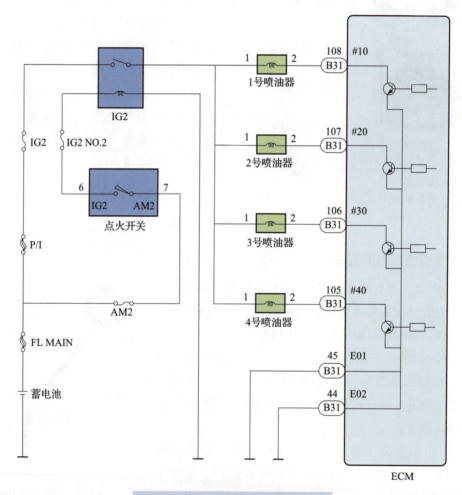

图 4-26　丰田 1ZR 发动机喷油器电路

2）检测电磁喷油器的电阻。拔下喷油器的插接器，检测喷油器插座上两端子之间的电磁线圈阻值，如阻值为无穷大，说明电磁线圈断路，应予更换喷油器。1ZR 发动机在 20℃ 时，喷油器阻值约为 11.6~12.4Ω。

3）检测电磁喷油器的控制脉冲信号。拔下喷油器线束插头，并在插接器的两个端子之间串接发光二极管和电阻。起动发动机时，发光二极管应当闪烁。如二极管不闪烁或不发光，检查喷油器与 ECU 之间的接线是否断路，如无断路，检修 ECU 的电源电路，必要时更换 ECU。

2. 清洗和检测喷油器

拆卸喷油器后，清除喷油器外部油污后，将喷油器放在超声波清洗槽支架上，操控图 4-27 所示的面板，对喷油器进行清洗。完成超声波清洗后，将喷油器装在清洗仪量筒上，把驱动线插头依次插入喷油器插孔中，调整油压为 0.25~0.30MPa，依次选择均匀性/雾化性检测功能、密封性测试功能、喷油量检测功能、自动清洗检测功能，对喷油器进行检测和清洗。

1ZR 发动机喷油器每 15s 内 60~73cm^3，各喷油器间的差别不超过 13cm^3，每 12min 泄漏量不超过 1 滴。

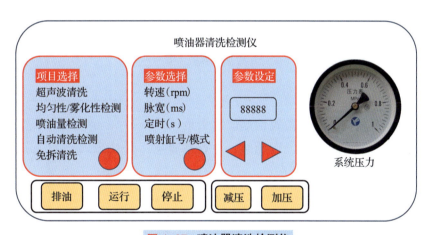

图 4-27　喷油器清洗检测仪

3. 燃油泵的检查

如图 4-28 所示，当发动机起动时，当 STA 信号和 NE 信号输入 ECU 时，油泵继电器线圈接通，给燃油泵提供电源，从而使燃油泵工作。发动机运转时，ECU 根据 NE 信号接通油泵继电器线圈，从而燃油泵也保持运转。

1）检查燃油泵电阻。在 20℃ 时，燃油泵电阻值 0.2~3.0Ω。

2）在两个端子之间施加蓄电池电压，注意不要将正负极接错。检查并确认燃油泵工作。测试必须少于 10s，以防止线圈烧坏；使燃油泵尽量远离蓄电池。如果燃油泵不工作，

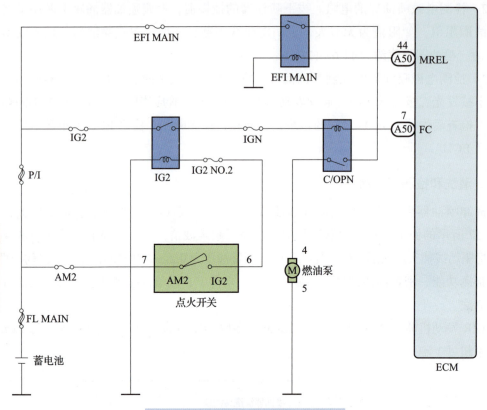

图 4-28 丰田 1ZR 发动机燃油泵电路

则更换燃油泵。

3）检查燃油泵供电情况。检查检修燃油泵负极线与车身之间电阻，应为小于 1Ω。起动时，检查燃油泵的供电电压，应为 12V 左右。

4）点火开关置于 ON 位置时，检查 FC 的电压值为 12V 左右，起动时低于 1.5V。

5）若根据电路检查相关燃油泵继电器、EFI 主继电器、EFI MAIN 熔断器、IGN 熔断器等是否正常，检查导线是否存在断路、短路。

6）2016 款 1ZR 发动机使用燃油泵 ECU 控制燃油泵，其电路如图 4-29 所示，打开点火开关，检查 1 号和 4 号端子电压为 12V 左右；起动发动机时，用二极管试灯检查 FPC 信号；检查燃油泵与燃油泵 ECU 之间的线应无断路与短路现象。

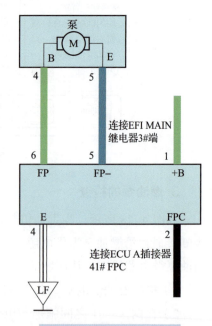

图 4-29 燃油泵 ECU 电路

学习任务三　电控系统的工作原理与检修

发动机电控系统主要由传感器、电控单元（ECU）和执行器组成。传感器将信号输入给电控单元，执行器是受电控单元的控制，具体执行某项控制功能。

一、电控系统的控制原理

如图4-30所示，发动机控制单元接收空气流量传感器（或者进气歧管压力传感器）和转速传感器传来的信号，确定基本喷油量；接收进气温度传感器和氧传感器等传来的信号，确定喷油修正量；接收冷却液温度传感器和节气门位置传感器等信号，为特殊工况（如暖机、加速等）确定喷油增量。控制单元确定喷油量后，驱动喷油器，通过控制喷油器喷油时间实现对喷油量的控制。

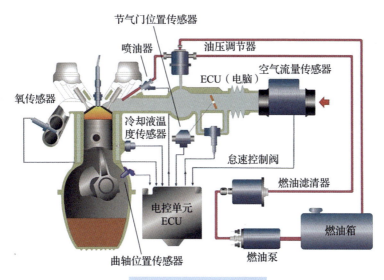

图4-30　发动机控制系统

发动机电控单元简称ECU，俗称发动机电脑，如图4-31所示，它实质上是车载微型计算机，是发动机控制系统的核心。ECU的主要功能是接收和处理信息。ECU主要控制喷油量、喷油正时及点火时刻，除此以外，它还可以对怠速、排放、进气增压等进行控制。

技师引导　若ECU插接器或ECU本身故障，可能会导致各种故障码。检修传感器时，若未发现故障原因，应该检查ECU插接器或更换ECU进行确认。ECU故障率极低，不要轻易怀疑 ECU 损坏。

图 4-31　发动机电控单元

电控单元电源电路的检查

1. 检查 ECU 系统电压

丰田 1ZR 发动机 ECU 电路图如图 4-32 所示，该电路在点火开关置于 OFF 位置时，蓄电池仍为 ECU 供电。这一电源可让 ECU 储存数据，如 DTC（故障码）记录、定格数据和燃油修正值。如果蓄电池电压降至最低限值以下，该存储信息就会被清除，ECU 会确定电源电路出现故障。发动机下次起动时，ECU 将使 MIL（故障指示灯）亮起并设置 DTC。

检查蓄电池端电压应不低于 11V，检查蓄电池端子，应无松动或锈蚀现象；检查 BATT 和 E1 之间电压应为 12V 左右，否则应先检查熔断器，再检查线束有无断路或短路现象。注意：检查时不要将插接器从 ECU 上断开，从线束侧插接器的后侧执行检查。

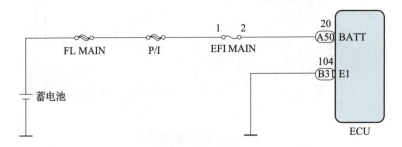

图 4-32　丰田 1ZR 发动机电控系统电压电路

2. 检查 ECU 电源电路

丰田 1ZR 发动机 ECU 电源电路如图 4-33 所示，当点火开关置于 ON 位置时，蓄电池电压被施加到 ECU 的端子 IGSW 上。ECU MREL 端子的输出电流流向集成继电器线圈，集成继电器（EFI MAIN 继电器）内开关触点闭合，蓄电池开始向 ECU 的端子 +B 或 +B2 供电。

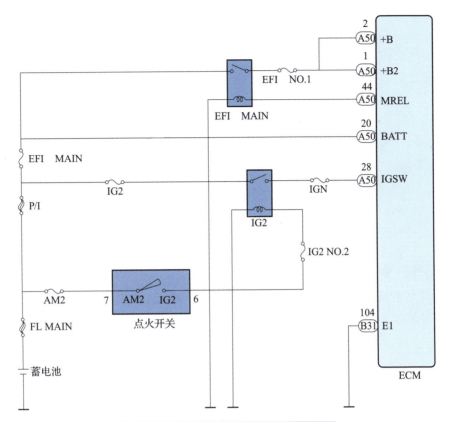

图 4-33 丰田 1ZR 发动机 ECU 电源电路

技师引导 不能使用功率较大的试灯，检查 ECU 提供给传感器的电源，以免损坏 ECU。

1）检查 E1 与搭铁之间的阻值应小于 1Ω。

2）打开点火开关，检查 IGSW 与 E1 之间的电压应为 12V 左右。否则，检修仪表板接线盒上 IGN 熔丝和发动机继电器盒上 IG2 熔丝，检修 IG2 继电器，检查点火开关，检修相关线束。

3）分别检查熔丝 EFI MAIN 和 EFI NO.1 的阻值应小于 1Ω，否则更换熔丝。

4）检查 EFI MAIN 主继电器开关接柱，在线圈通电状态下阻值小于 1Ω，在线圈断电状态下阻值大于 10kΩ。

5）检查相关线束和插接器没有短路和断路现象。

3. VC 输出电路

如图 4-34 所示，ECU 持续将端子 +B（BATT）上的蓄电池电压转换成 5V 电源以操作微处理器。ECU 同时通过 VC 输出电路将该电源提供至传感器。

进气温度传感器工作原理与检修

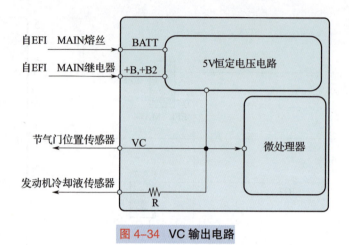

图 4-34 VC 输出电路

 VC 电路短路时，ECU 中的微处理器和通过 VC 电路获得电源的传感器由于没有从 VC 电路获得电源而不能运行。在此条件下系统不能起动，且即使系统出现故障，MIL（故障指示灯）也不点亮。

三、传感器的功用和检修

1. 空气流量传感器

空气流量传感器的作用是将吸入发动机的空气量转换成电信号送至 ECU，作为确定基本喷油量和基本点火提前角的主要依据之一。空气流量传感器安装在节气门的前方，采用空气流量传感器测量进气的发动机称之为 L 型发动机。

按空气流量传感器的结构形式，可以将其分为叶片式空气流量传感器、卡门涡旋式空气流量传感器、热线式空气流量传感器和热膜式空气流量传感器。叶片式（翼片）空气流量传感器因精度不高，已经基本淘汰。

（1）卡门涡旋式空气流量传感器　卡门涡旋式空气流量传感器结构如图 4-35 所示，在进气管道设有涡旋发生器，当空气流经该涡旋发生器时，在其后部的气流中会不断产生一列不对称却十分规则的空气涡旋，通过测量单位时间内涡流的数量就可计算出空气流速和流量。

发光二极管发出的光束被反光镜反射到光电晶体管上，使光电晶体管导通。反光镜安装在一个很薄的金属簧片上，金属簧片在进气气流旋涡的压力作用下产生振动，其振动频率与单位时间内产生的旋涡数量相同。由于反光镜随簧片一同振动，因此被反射的光束也以相同的频率变化，致使光电晶体管也随光束以同样的频率导通、截止。ECU 根据光电晶体管导通、截止的频率即可计算出进气量。

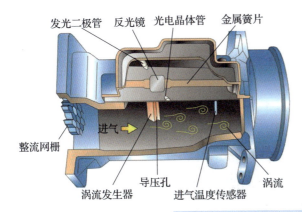

图 4-35　卡门涡旋式空气流量传感器

技师引导　切勿让传感器或继电器之类的电子部件掉落。如果它们掉落到坚硬的表面上，应予以更换。

检查卡门涡旋式空气流量传感器时，可参考图 4-36 所示的电路，VC 是 ECU 提供给传感器 5V 左右的电源端口，KS 是该传感器提供给 ECU 的信号端口，E_2 是传感器通过 ECU 连接负极的端口。

急速时，KS 与 E_2 之间应为 2.0~4.0V，（参考雷克萨斯 LS400 轿车 1UZ-FE 发动机）；打开点火开关，检测 VC-E_1 的电压是 4.5~5.5V，如果电压为 0V，则进行下一步；检查空气流量传感器与 ECU 之间线束是否存在断路与短路。

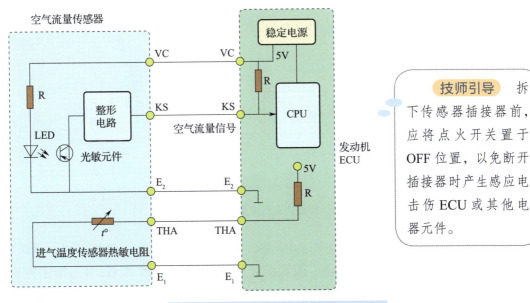

图 4-36　卡门涡旋式空气流量传感器电路

技师引导　拆下传感器插接器前，应将点火开关置于 OFF 位置，以免断开插接器时产生感应电击伤 ECU 或其他电器元件。

（2）热线/热膜式空气流量传感器　热线式空气流量传感器在其进气道内的取样管中有一根铂丝，经通电后发热。热膜式与热线式空气流量传感器原理基本相同，将热线改为热膜，热膜由发热金属铂固定在薄的树脂膜上构成。

如图 4-37 所示，当发动机起动后，空气流过热膜铂丝周围，使其热量散失，温度下降，此时与铂丝相连的桥式电路将改变电流，以保持铂丝温度恒定，维持电桥平衡。即当空气流量变化时，流过铂丝的电流也随之发生变化。ECU 通过电量的变化得到空气流量。

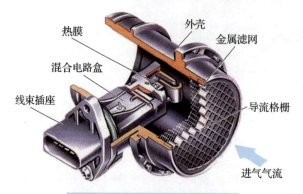

图 4-37 热膜式空气流量传感器

检查热膜式空气流量传感器时，参考图 4-38 所示的电路，燃油泵继电器为此传感器 2 号端子提供 12V 左右的电压，ECU 为此传感器 4 号端子提供 5V 左右的参考电压，此传感器通过 5 号端子向 ECU 提供信号电压，通过 3 号端子连接蓄电池负极。

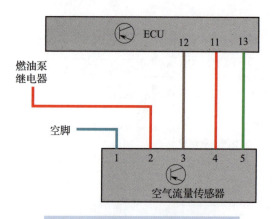

图 4-38 热膜式空气流量传感器电路

在急速时，测量 5 号端子信号电压 1.5V 左右，此值参考桑塔纳 AJR 发动机，急踩加速踏板信号电压应增大；断开插接器，测量线束端 2 号端子为 12V 左右，4 号端子为 5V 左右；检查空气流量传感器与 ECU 之间线束是否存在断路与短路。

2. 进气歧管压力传感器

进气歧管压力传感器安装在节气门的后方，用于测量进气歧管的绝对压力。ECU 根据测量的进气歧管、发动机转速和节气门开度信号，换算出相应的空气流量，这种发动机称之为 D 型发动机。

如图 4-39 所示，进气歧管压力传感器由硅膜片、应变电阻、集成电路、壳体等组成。硅膜片是压力转换元件，它是利用半导体的压电效应制成的。硅膜片的一面是真空室，另一面是导入的进气压力。集成电路是信号放大装置，它的端头与 ECU 连接。

发动机工作时，从进气管来的空气作用在硅膜片上，硅膜片因进气压力而产生变形。硅膜片的变形，使扩散在硅膜片上的电阻阻值改变，导致惠斯顿电桥输出的电压变化。传感器上的集成电路将电压信号放大处理后，作用进气管压力信号送到电控单元，此信号成为电控单元计算进入气缸空气量的主要依据。

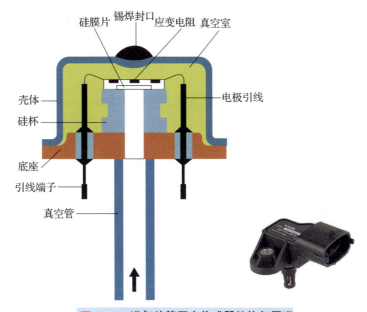

图 4-39 进气歧管压力传感器结构与原理

进气歧管压力传感器的电路如图 4-40 所示，V_{CC}、PIM、E_2、E_1 分别为 ECU 供电、传感器信号、搭铁端子。在怠速时和全负荷时，测量 PIM 与 E_2 之间的电压分别为 1.4V 和 4.5V。将点火开关置于 ON 档，检查 V_{CC}-E_2 的电压应为 5V 左右，否则检查传感器与 ECU 之间的线路是否短路或断路；检查进气歧管绝对压力传感器所连接的真空管是否破损。

3. 进气温度传感器和冷却液温度传感器

进气温度传感器测量发动机进气温度，它通常集成在空气流量传感器或进气歧管压力传感器中，其结构如图 4-41 所示。进气温度传感器能检测进入发动机空气的温度，补偿由于进气温度变化而导致的空气密度的变化，准确计算进气量，修正喷油量和点火时刻等。

冷却液温度传感器也称为水温传感器，一般安装在气缸盖水道上，它能感应冷却液的温度，其结构如图4-42所示。ECU收到该温度信号后修正喷油量和点火时刻等。

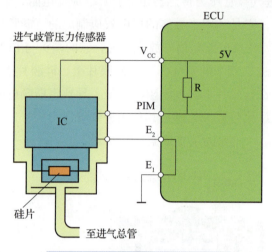

图4-40 进气歧管压力传感器电路

V_{CC}—ECU给传感器的供电 PIM—进气歧管压力传感器的信号电压 E_2、E_1—搭铁

图4-41 进气温度传感器

图4-42 冷却液温度传感器

如图4-43所示，发动机冷却液温度传感器细长的头部与冷却液接触，它的内部装有负温度系数的热敏电阻。当发动机冷却液温度逐渐升高时，热敏电阻的阻值将逐渐减小，反之，当冷却液温度逐渐降低时，热敏电阻的阻值将逐渐增大。

参考卡门涡旋式空气流量传感器的电路，对进气温度进行检查。检测进气温度传感器的端子"THA"与"E_1"端子之间的电阻，参考值如下，20℃时，2.0~3.0kΩ，40℃时，0.9~1.3kΩ；打开点火开关，检测发动机ECU端子THA-E_2之间的电压，应为4.5~5.5V。

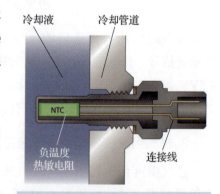

图4-43 冷却液温度传感器工作原理

如果电压为0V，需要检测线束是否存在断路；怠速状态下，检测THA-E_2之间的信号电压，在进气温度20℃时，电压应为0.5~3.4V。

卡罗拉1ZR发动机冷却液温度传感器电路如图4-44所示，检查时步骤与进气温度基本相同，只是其阻值不同，在20℃时，2.32~2.59kΩ，在80℃，0.31~0.32kΩ。

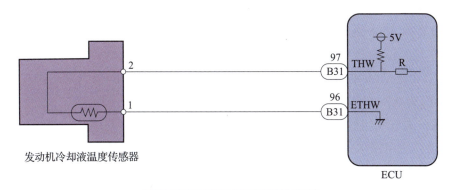

图4-44 冷却液温度传感器电路

4. 节气门位置传感器

节气门位置传感器用于检测发动机节气门的开度及开度变化，发动机ECU通过节气门位置传感器识别工况用来控制喷油。节气门位置传感器按总体结构分为触点式、可变电阻式、组合式（综合式）、霍尔式四种。

触点式节气门位置传感器基本淘汰，可变电阻式和组合式的区别在于后者有怠速触点开关。如图4-45所示，组合式滑动触点可在可变电阻器上滑动，将节气门开度值转化为电压信号，怠速触点专门用于确定节气门完全关闭时的位置，提供准确的怠速信号。

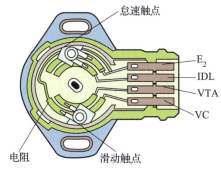

图4-45 节气门位置传感器结构

（1）组合式节气门位置传感器的检查 组合式节气门位置传感器电路如图4-46所示，VC、VTA、

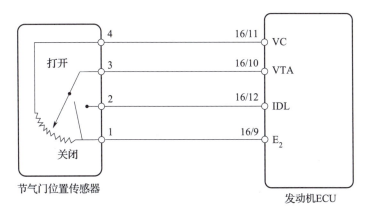

图4-46 组合式节气门位置传感器电路

IDL、E_2 分别为 ECU 给传感器供电 5V、传感器提供给 ECU 信号、怠速触点、搭铁端子。

在节气门全闭时，检查传感器端 IDL-E_2 端子间电阻小于 1Ω，当节气门打开时，IDL-E_2 端子间应不导通；E_2 和 VTA 之间的电阻应能随节气门开度增大而呈线性增大。检查传感器端 E_2 和 VTA 之间的电阻，应能随节气门开度增大而呈线性增大。

插好节气门位置传感器的导线插接器，点火开关置 ON 位置，在节气门全开时，IDL-E_2、VC-E_2、VTA-E_2 的电压分别为 9~14V、4.5~5.5V、3.2~4.9V；在节气门全闭时，测量 VTA-E_2 为 0.3~0.8V。

（2）霍尔式节气门位置传感器的检查　丰田 1ZR 发动机使用霍尔式节气门位置传感器，它能在高速和极低车速极端的行驶条件下，也能生成精确的信号。如图 4-47 所示，节气门位置传感器有两组磁铁、霍尔元件及 IC 电路，两个传感器电路 VTA_1 和 VTA_2，各传送一个信号。VTA_1 用于检测节气门开度，VTA_2 用于检测 VTA_1 的故障。传感器信号电压与节气门开度成比例，在 0V 和 5V 之间变化，并且传送至 ECU 的 VT 端子。

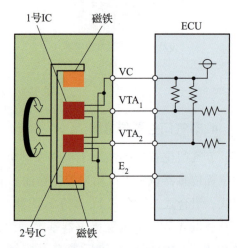

图 4-47　丰田 1ZR 节气门位置传感器工作原理

当节气门关闭时，传感器输出电压降低；当节气门开启时，传感器输出电压升高。ECU 根据这些信号来计算节气门开度并响应驾驶人输入来控制节气门执行器。这些信号同时也用来计算空燃比修正值、功率提高修正值和燃油切断控制。

霍尔式节气门位置传感器的检修方法如下：

1）检查如图 4-48 所示中，节气门位置传感器与 ECU 之间的线束有没有断路现象，有则维修或更换线束。

2）检查节气门位置传感器 VC、VTA、VT2 有没有对地短路，有则维修或更换线束。

3）检查 VC 与 E2 之间的电压，应为 4.5~5.5V，否则更换 ECU。

4）点火开关置于 ON 位置，节气门全关，VTA 电压为 0.5~1.2V，节气门全开，电压为 3.2~4.8V。

5）点火开关置于 ON 位置，节气门全关，电压为 2.1~3.1V，节气门全开，电压为 4.5~5.5V。

5. 加速踏板位置传感器

加速踏板位置传感器安装在加速踏板支架上，它有 2 个传感器电路，即 VPA（主）和 VPA2（副）。该传感器使用的是霍尔效应元件，其工作原理如图 4-49 所示。施加在 ECU

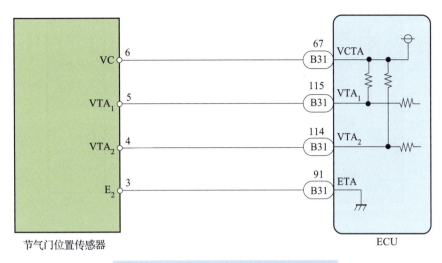

图 4-48　丰田 1ZR 节气门位置传感器电路

端子 VPA 和 VPA2 上的电压在 0V 和 5V 之间变化，并与加速踏板（节气门）工作角度成比例。来自 VPA 的信号，指示实际加速踏板开度（节气门开度）并用于发动机控制。来自 VPA2 的信号，传输 VPA 电路的状态信息并用于检查加速踏板位置传感器自身情况。

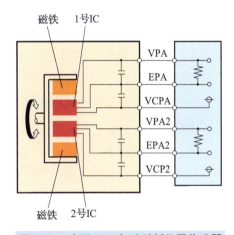

图 4-49　丰田 1ZR 加速踏板位置传感器

ECU 通过来自 VPA 和 VPA2 的信号监视实际加速踏板开度（节气门开度），并根据这些信号控制节气门执行器。加速踏板位置传感器的检修方法如下。

1）点火开关置于 ON 时，分别测量图 4-50 所示中 VCPA 和 VCP2 与搭铁之间的电压为 5V 左右。

2）测量加速踏板位置传感器的信号电压。在松开加速踏板时，VPA 的电压为 0.5~1.1V，VPA2 的电压为 1.2~2.0V；在踩下加速踏板时，VPA 的电压为 2.6~4.5V，VPA2 的电压为 3.4~5.0V。

3）断开加速踏板位置传感器插接器，测量 EPA2 和 VPA2，EPA 和 VPA 之间的阻值为 36.6~41.6kΩ。

4）测量加速踏板位置传感器与 ECU 之间的线路没有断路现象，每条线的阻值都应小于 1Ω。

5）测量加速踏板位置传感器与 ECU 之间的线路没有短路现象，VCPA、VPA、VCP2、VPA2 与搭铁之间的阻值都应大于 10kΩ。

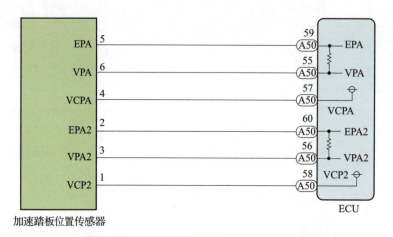

图 4-50 丰田 1ZR 加速踏板位置传感器电路

6. 氧传感器

汽油发动机的理论空燃比为 14.7∶1，但实际燃烧时由于各种因素影响，可能过浓或过稀。过浓时，排气中氧气较少；过稀时，排气中氧气充足。氧传感器用于监测排气中的氧含量，并将此信号反馈给 ECU。ECU 根据氧传感器信号修正喷油量，使发动机随时处于最佳的燃烧状态。

后氧传感器安装在三元催化转化器后面，ECU 通过对比前后氧传感器信号判断三元催化转化器性能。

（1）氧化锆型传感器　氧传感器结构如图 4-51 和图 4-52 所示，它由钢质护管、壳体、加热器、铂电极等组成。氧传感器的工作原理与干电池相似，氧化锆起类似电解液的作用，氧化锆表面的铂电极起催化剂的作用。

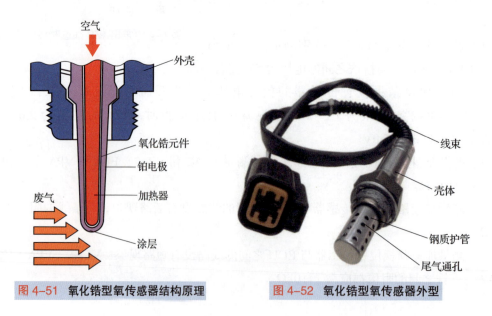

图 4-51 氧化锆型氧传感器结构原理　　图 4-52 氧化锆型氧传感器外型

如图 4-53 所示，发动机工作时，若供给的是稀混合气，废气中氧气的浓度高，氧传感器内外表面的氧浓度差小，几乎不产生电动势，约为 0V。发动机若供给的是浓混合气，废气中的氧气比较富足，它与铂电极接触，在铂的催化作用下，它与废气中的 CO、HC 发生反应，使铂金属表面的氧浓度趋于零，氧传感器内、外表面的氧浓度差很大，在电极间产生约 1V 的电动势。可燃混合气空燃比在 14.7 附近时，传感器电压产生突变，如图 4-54 所示。

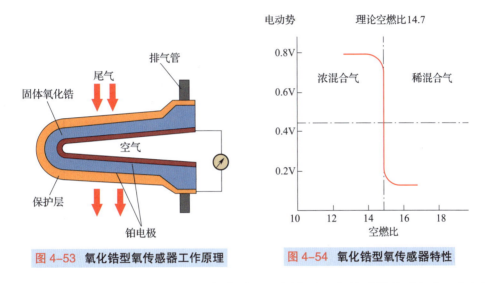

图 4-53 氧化锆型氧传感器工作原理

图 4-54 氧化锆型氧传感器特性

（2）氧化钛型氧传感器 氧化钛型氧传感器和氧化锆型氧传感器外形相似，如图 4-55 所示，它是用二氧化钛作为敏感元件，二氧化钛属于半导体材料，其阻值取决于材料温度和周围氧离子的浓度。当尾气中氧离子较少时，二氧化钛呈现低阻状态；当尾气中氧离子较多时，二氧化钛呈现高阻状态；二氧化钛的电阻在混合气为理论空燃比（14.7）时产生突变。当 ECU 给氧传感器施加稳定的电压时，在氧传感器输出端可以得到一个交替变化的信号。

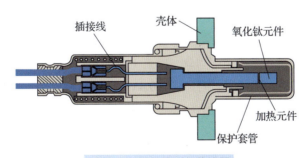

图 4-55 氧化钛型氧传感器

（3）氧传感器的检测 1ZR 发动机氧传感器电路如图 4-56 所示，其电路检查方法如下。

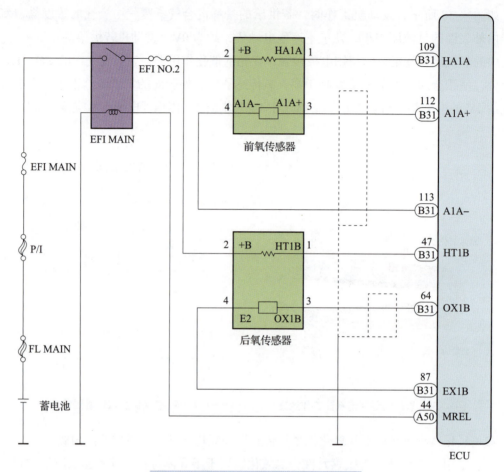

图 4-56 丰田 1ZR 发动机氧传感器电路

1）检查氧传感器加热器电阻，1ZR 发动机加热器 20℃ 的阻值为 1.8~3.4Ω，加热器与氧传感器端子 4 之间的阻值应大于 10kΩ。

2）检查端子电压，测量氧传感器 +B 与车身搭铁之间的电压为 12V 左右，否则检查 EFI NO.2 熔丝及相关线束。

3）检查线束和插接器。断开前氧传感器插接器和 ECU 插接器，检查前氧传感器 1 号端子与 ECU 109 号端子之间电阻小于 1Ω，检查 1 号端子与车身搭铁之间电阻大于 10kΩ。

4）暖机后，检查氧传感器信号电压应在 0.4V 或更低与 0.55V 或更高之间波动。

5）按同样方法，检查后氧传感器。

四、执行器的工作原理和检查

执行器受电控单元直接控制，它接受电控单元的信号，完成电控单元的要求。电控系统执行器包括燃油泵继电器、EFI 主继电器、喷油器、节气门电动机、炭罐电磁阀、氧传感器加热器、故障指示灯等。

1. 故障指示灯的工作原理和检查

故障指示灯（MIL）用于指示 ECU 检测到的车辆故障，其工作电路如图 4-57 所示。当点火开关置于 ON 位置时，给 MIL 电路供电，并且 ECU 提供电路搭铁以亮起 MIL。正常状态下，点火开关首次置于 ON 位置时，MIL 亮起达几秒。当发动机起动时 MIL 熄灭。

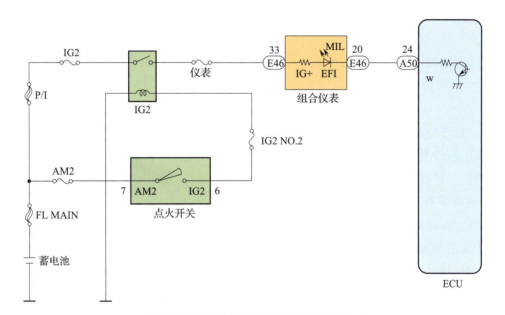

图 4-57　丰田 1ZR 发动机故障指示灯电路

如果 MIL 常亮，需要检查组合仪表 E46-20 和 ECU A50-24 是否短路。如果 MIL 一直不亮，发动机也不能起动，需要检查 VC 输出电路，发动机若能起动，按以下方法检查。

1）断开 ECU 插接器，将点火开关置于 ON。

2）测量 ECU A50-24 与车身搭铁之间电压，应为 11～14V，如果正常，则更换 ECU，异常进行下一步。

3）断开组合仪表插接器，断开 ECU 插接器，测量组合仪表 E46-20 和 ECU A50-24 之间的阻值应小于 1Ω，异常则维修或更换线束或插接器，正常进行下一步。

4）更换组合仪表总成。

2. 炭罐电磁阀的工作原理和检查

由于汽油是一种易挥发的液体，在常温下燃油箱经常充满蒸气，燃油蒸发排放控制系统的作用是将燃油蒸气引入燃烧室，防止它挥发到大气中。如图 4-58 所示，燃油蒸发排放控制系统主要包括炭罐、炭罐电磁阀等，ECU 改变向炭罐电磁阀发送的占空比信号，以使碳氢化合物排放的进气量与行驶状态（发动机负载、发动机转速、车速等）相适应。

发动机停机和怠速时，ECU 使炭罐电磁阀关闭，燃油蒸气被炭罐内活性炭吸附；发动机中、高速时，ECU 使炭罐电磁阀打开，吸附在炭罐上的燃油蒸气经过真空软管吸入发动机，此时发动机的进气量大，少量的燃油蒸气不会影响混合气成分。

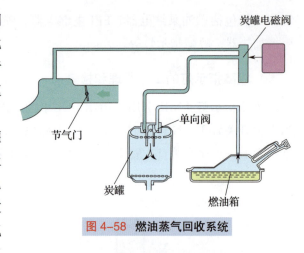

图 4-58 燃油蒸气回收系统

（1）炭罐电磁阀的检查 炭罐电磁阀结构如图 4-59 所示，ECU 根据冷却液温度、转速、节气门开度等参数，通过控制炭罐电磁阀开关，避免燃油蒸气自由进入进气歧管，破坏正常混合气浓度。

图 4-59 炭罐电磁阀

1）如图 4-60 所示，检查炭罐电磁阀与 ECU 之间接线有没有断路和对地短路现象，有则维修或更换线束。

2）将点火开关置于 ON 位置，检查 2 号端子与搭铁之间的电压约 12V，否则检查相关熔丝和继电器。

3）检查炭罐电磁阀两个接线端子之间的电阻值约为 23~26Ω。

4）利用诊断仪主动测试功能或手动真空泵，检查炭罐电磁阀是否堵塞。

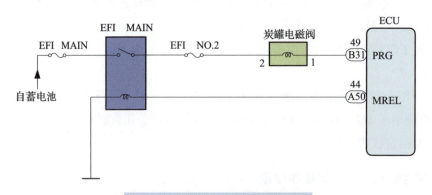

图 4-60 丰田 1ZR 炭罐电磁阀电路

（2）炭罐的检查 活性炭罐里面装有活性炭粒，能吸附燃油蒸气，蒸气被真空吸入进气歧管后，活性炭粒又恢复吸附能力。炭罐的结构如图4-61所示，炭罐上有三个连接管，分别连接大气、炭罐电磁阀和燃油箱。检查时，堵上炭罐的大气侧端口和炭罐电磁阀的端口。从油箱侧端口吹气进入炭罐，确认无漏气，否则更换炭罐。

图4-61 炭罐

3. 节气门电动机的工作原理和检查

怠速是发动机维持自身运转的最低速度。典型的怠速控制系统如图4-62所示，发动机怠速时，进气量不受节气门的控制，空气经过旁通气道进入进气管道的稳压箱。当发动机怠速负荷增大时，ECU控制怠速控制阀使进气量增大，从而使怠速转速提高，防止发动机运转不稳或熄火；当发动机怠速负荷减小时，ECU控制怠速控制阀使进气量减小，从而使怠速转速降低。怠速时的喷油量由ECU根据预先设定的怠速空燃比和空气流量传感器测得的进气量计算确定。

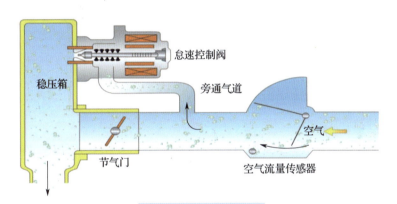

图4-62 怠速控制系统

（1）电子节气门系统的工作原理　电子节气门系统取消了传统的节气门拉索和怠速旁通气道，如图4-63所示，电控单元ECU通过节气门电动机来驱动节气门的开闭。ECU根据加速踏板的位置信号、废气排放、燃油消耗及安全性等因素所需要的转矩及相应的节气门位置信号，控制节气门体上的电动机将节气门打开到相应的角度，达到最佳燃烧效果的燃油供油量，达到最佳的动力性、经济性和排放性。发动机控制系统通过控制节气门电动机，可以实现发动机怠速控制，车辆巡航控制，自动变速器

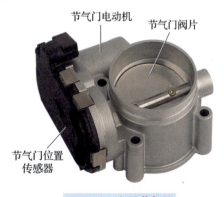

图4-63 电子节气门

控制、车身电子稳定控制等功能。

（2）电子节气门体的组成 如图4-64所示，电子节气门体由节气门阀片、节气门电动机和节气门位置传感器等组成，来自发动机ECU的占空比信号使节气门电机动作，通过齿轮传动机构使节气门板转动，保证发动机工作所需的节气门开度。节气门位置传感器由两个电位器组成，节气门开度变化时，电阻值发生变化，输出的电压信号随之变化，与电子加速踏板位置传感器信号一起，输入到发动机ECU，经计算后，输出驱动节气门电动机的控制信号，从而控制发动机节气门开度。当电子节气门系统有故障进入失效保护模式时，ECU切断通往节气门执行器的电流，并且节气门被回位弹簧拉回到开度6°。

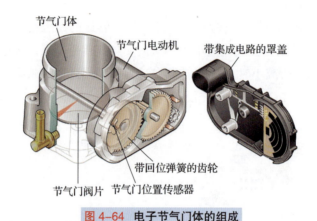

图4-64 电子节气门体的组成

（3）节气门控制电动机的检修

1）节气门控制电动机的电路如图4-65所示，使用万用表在20℃时检测M+与M-之间的电阻值0.3~100Ω之间。若结果不符合规定，应更换节气门体总成。

2）检查节气门控制电动机与ECU之间2条接线的阻值，应小于1Ω，否则维修或更换线束。

3）检查节气门控制电动机2条接线与搭铁之间的阻值，应大于10kΩ，否则维修或更换线束。

4）检查节气门与壳体之间是否有杂物。必要时，清洁节气门体总成。检查并确认节气门移动平稳。

清洁节气门体要将节气门体拆卸但不分解，注意节气门位置传感器不可朝下，用化油器清洗剂及软刷将节气门体、节气门处的积炭清洗干净，再用压缩空气清洁所有通道和开口。清洗完毕后，正确装复，然后拔下EFI和ETCS熔丝或者断开蓄电池负极60s以上即完成匹配，起动发动机进行调试。

5）检查ETCS熔丝的好坏及输出电压，有12V左右的电压，检查该熔丝与ECU A50端子之间的线束或ECU的针脚。ECU A50端子为节气门电控系统提供专用的电源，该电压过低时，ECU断定节气门电控系统有故障，并切断流向节气门执行器的电流。

6）检查节气门控制电动机的工作声音。将点火开关置于 ON 位置，踩下加速踏板时，检查电动机的工作声音。确保电动机没有摩擦噪声。如果有摩擦声，则更换节气门体。

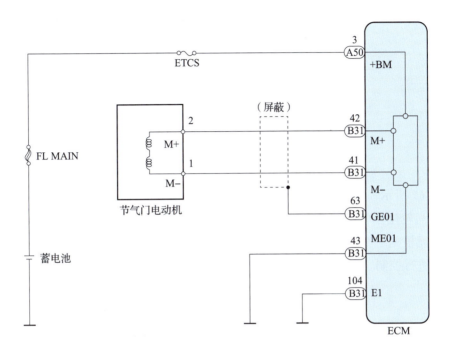

扫一扫

电子节气门的工作原理

图 4-65　丰田 1ZR 发动机节气门控制电动机电路

学习任务四　废气涡轮增压系统的工作原理与检修

发动机增压是将空气进行预压缩，然后再供入气缸。它通过提高进气的密度来增加进气量，从而可以使发动机的功率增加。常见的增压方法包括机械增压、废气涡轮增压和气波增压。各种增压方法中，以废气涡轮增压技术最为成熟，效率也高，应用最广。近年来，汽车发动机采用废气涡轮增压日渐普遍。

一　废气涡轮增压系统的工作原理

废气涡轮增压系统工作原理如图 4-66 所示，发动机燃烧后的废气通过涡轮废气入口进入涡轮，此部分带有能量的废气冲击涡轮的叶片，涡轮通过轴带动泵轮转动，泵轮将更多的新鲜空气吹入发动机，加大发动机的进气量。

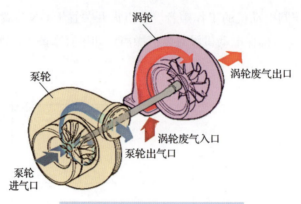

图 4-66 涡轮增压系统的工作原理

如图 4-67 所示,废气涡轮增压系统的电控元件主要有发动机控制单元、增压压力调节电磁阀、涡轮增压器换气阀、空气流量传感器、发动机转速传感器和增压压力传感器等。控制单元根据空气流量、发动机转速、增压压力等传感器的信号,对增压压力调节电磁阀的通断进行控制。

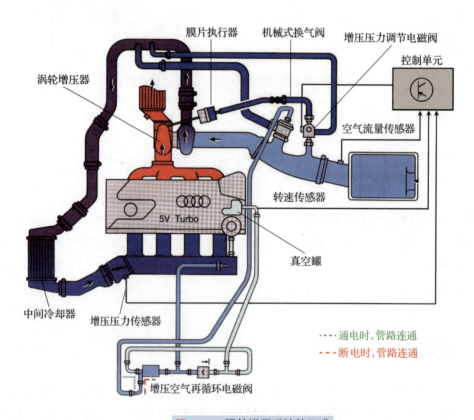

图 4-67 涡轮增压系统的组成

发动机低速时，如图 4-68 所示，增压压力调节电磁阀不通电，膜片执行器的左室与增压器后方"高压空气端"连通，此时涡轮增压未工作，增压器后端"高压空气端"的压力并不高，膜片执行器弹簧推动膜片左移，并带动联动杆将排气旁通阀关闭。发动机转速逐渐增大时，发动机控制单元用占空比信号控制增压压力调节电磁阀通电，控制增压压力调节电磁阀低压一端连通其他两端，发动机控制单元通过控制增压压力调节电磁阀的信号就可以控制通膜片执行器压力的大小。当通膜片执行器的进气压力可以克服弹簧压力时，膜片右移，并通过联动杆将排气旁通阀打开，使部分排气直接排入大气，从而降低涡轮机转速和增压压力。

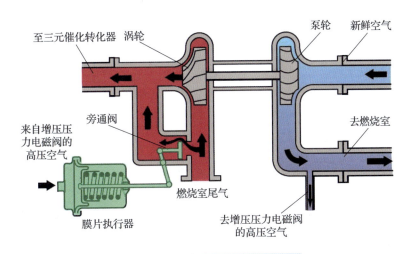

图 4-68 涡轮增压器的工作原理

二 废气涡轮增压系统的检修事项

1）在找出故障原因之前，不能轻率地把涡轮增压器从发动机上拆下来，而应该先检查和评估涡轮增压器的工作情况。因为一旦把涡轮增压器拆下来，就很难证实产生这类问题的真正原因。

2）如果必须把涡轮增压器从发动机上拆下来，则在把软管、夹头和接头拆下来时，要确定接头是否有漏气。

3）检测涡轮增压系统的机械部分之前，发动机必须熄火并等待发动机温度降至正常，以防烫伤。

4）在不装进气管和不连接空气滤清器的情况下使涡轮增压器运转，会造成人员伤害。外来物体进入涡轮增压器内可能会造成机体损坏。

三 废气涡轮增压系统的检修

1. 增压压力控制电磁阀的检查

增压压力控制电磁阀连接了三个空气管，如图 4-69 所示，当 ECU 通过增压压力传感器检测到进气压力低于 98kPa 时，该阀不通电，进气高压端的空气进入膜片执行器。当进气压力大于 98 kPa 时，ECU 控制增压压力控制电磁阀通电，此时，该阀三条管路导通，膜片执行器内压力被释放，废气经旁通阀排出。

（1）利用仪器检测　连接故障检测仪，再从增压压力控制电磁阀上拆下软管，接上辅助软管，操作诊断仪激活增压压力控制电磁阀，电磁阀将发出响声，通过向辅助软管吹气检查，确认该阀能打开和关闭。

（2）对电源进行检测　2021 发动机增压压力控制电磁阀其电路如图 4-70 所示，断开其插接器，用二极管试灯可以检查其供电电源。启动执行元件诊断功能，用二极管试灯分

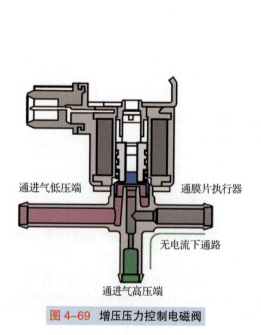

图 4-69　增压压力控制电磁阀

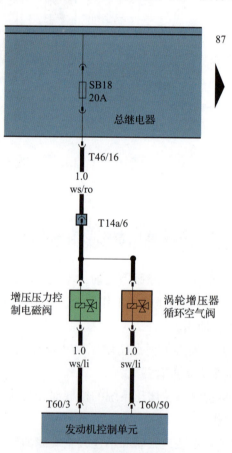

图 4-70　增压压力控制电磁阀和涡轮增压器
　　　　　循环空气阀电路

别检查插接器两个端子，触发增压压力控制电磁阀，二极管试灯应闪亮。如果不亮则要进一步检查电源线路。

从增压压力控制电磁阀上拔下连接软管和电线插头，用万用表测量电阻值，正常值应为 25~35Ω。给电磁阀施加 12V 电压，用压缩空气吹气检查，通电时三个端口应互通，断电时膜片执行器的左室与低压空气端连通。

2. 机械式换气阀的检查

机械式换气阀结构如图 4-71 所示，阀内有真空膜片，当膜片室的真空度较小时，机械式空气再循环阀不开启，当有较大真空度作用于膜片上时，该阀开启，增压后的部分空气又返回低压进气管。检查时将其从车上拆下，通过软管将 C 端与手动真空泵连接，扳动真空泵测产生真空力，此时 A、B 两端应相通，解除真空，A、B 两端应迅速截止且密封良好。

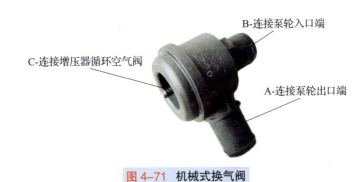

图 4-71 机械式换气阀

3. 检查涡轮增压器循环空气阀

增压空气再循环电磁阀受电脑控制，不通电时进气歧管与机械式空气再循环阀的膜片室相通，通电时真空罐与机械式空气再循环阀的膜片室相通。

在急速或小负荷时，进气歧管的真空度较大，发动机进气不需要增压，此时增压器空气再循环电磁阀不通电，进气歧管的真空度使机械式空气再循环阀开启，压气机出口的高压空气回到低压端，此时废气涡轮增压器不起作用。

在车辆高速行驶急减速时，节气门突然关闭，瞬间废气涡轮增压器需要卸荷。因为此时进气歧管内的真空度不足以开启机械式空气再循环阀，故发动机 ECU 立即给增压器再循环电磁阀通电，使真空罐与机械式空气再循环阀接通，在真空罐强大的真空吸力作用下机械式空气再循环阀开启，废气涡轮增压器被卸荷。

废气涡轮增压器卸荷的目的是使泵轮到节气门前存在的高压压力瞬间卸掉，使泵轮叶轮阻力不致过大，这样一是减轻高压气体对叶轮等的冲击，二是能使废气涡轮增压器保持在较高的转速，使废气涡轮增压器在需要时能更迅速地向发动机提供所需要的增压压力，减小废气涡轮增压器的"迟滞"现象。

涡轮增压器循环空气阀的结构如图 4-72 所示，拆卸该阀，用万用表测量其阻值，正常值应为 27~30Ω；直接给电磁阀供 12V 直流电，正常情况下不通电时，A、B 两端应相通，通电时 B、C 两端应相通。若不符合要求，应更换电磁阀。

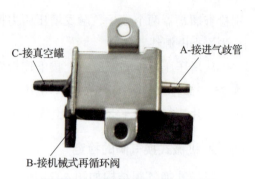

图 4-72　涡轮增压器循环空气阀

4. 中冷器的结构和检修

如图 4-73 所示，当空气经过增压器泵轮被压缩后，温度会升高 40~60℃。高温气体体积增大，相当于发动机吸进的空气又变少了；高温空气对于发动机燃烧特别不利，功率会减少，废气排放增多。为此，需要把增压后的空气再度冷却再送进发动机。

中冷器结构如图 4-74 所示，中冷器安装在废气涡轮增压器之后、节气门之前，其作用是将增压后的较热空气进行冷却以增加其密度，提高进气量。增压压力传感器安装在中冷器出口处，用于检测冷却后空气的进气压力。

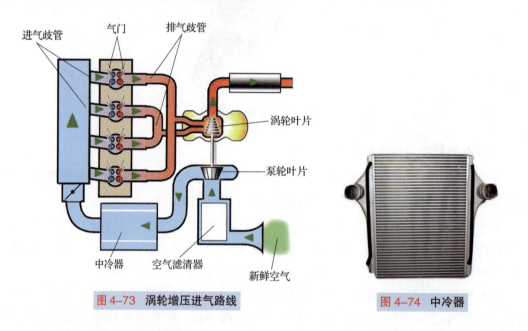

图 4-73　涡轮增压进气路线　　　图 4-74　中冷器

5. 涡轮增压器的工作原理和检修

1）在拆卸之前，检查是否有不正常的机械噪声。目测是否有漏气、堵塞，检查是否有明显的热变色等情况。

2）检查螺母、螺栓、压板和垫片是否有漏装或松动现象；检查发动机进、排气管及其管道和固定件是否有松动和损坏；检查机油进出管道是否有节流或损坏现象；检查涡轮增压器壳体是否有裂纹或损坏，如图 4-75 所示。

3）检查外部机油或冷却介质是否有泄漏；检查涡轮增压器外表面如有污物沉淀，则表明空气、机油、排气或冷却介质泄漏。

4）废气旁通阀由阀门、推杆、膜片执行器等组成，如图 4-76 所示，需要查废气旁通阀是否有自由运动和损坏，必须确保膜片执行器软管连接情况良好。

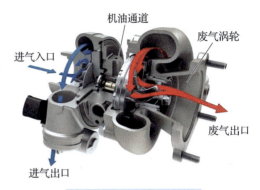

图 4-75 废气涡轮增压器

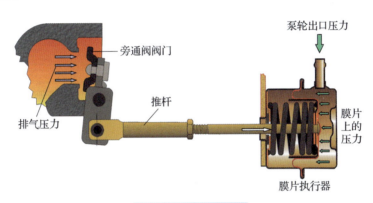

图 4-76 废气旁通阀

学习任务五　缸内喷射电控系统的工作原理与检修

传统发动机喷油器安装在进气歧管上，喷油雾化质量不高。缸内喷射（直喷）发动机是指向气缸内直接喷射燃油的发动机，这种发动机喷油器直接安装在气缸上，如图 4-77 所示。缸内直喷技术可以使汽油以极高压力精准地直接注入到燃烧室中，这种喷射方式在油气的雾化和混合效率上更为优异。缸内直喷技术的发动机，燃烧效率大幅提升，在增加了动力输出的同时，更加节油和环保。

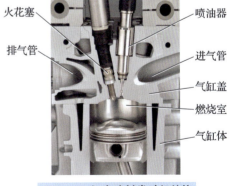

图 4-77 缸内喷射发动机结构

一、缸内喷射电控发动机燃油供给系统的基本原理

缸内喷射电控发动机燃油供给系统分为低压部分和高压部分。如图 4-78 所示，燃油供给系统低压部分主要包括电动燃油泵、燃油泵 ECU、燃油滤清器、低压燃油压力传感器等。低压燃油压力传感器用来监控不同压力的保持状况。发动机控制单元通过燃油泵 ECU 来控制燃油泵的转速，这样可以实现按照实际需要来调节，从而节省所消耗的电能。缸内直喷燃油系统的低压油路增加了燃油泵门控开关，燃油泵门控开关能使打开驾驶人侧车门时燃油泵即开始工作，车门开关信号被送至发动机控制单元，燃油泵被触发 2s。燃油泵提前工作是为了迅速建立高压以缩短起动时间。燃油滤清器内部集成了压力调节器，错装以后会导致燃油低压部分压力偏低。

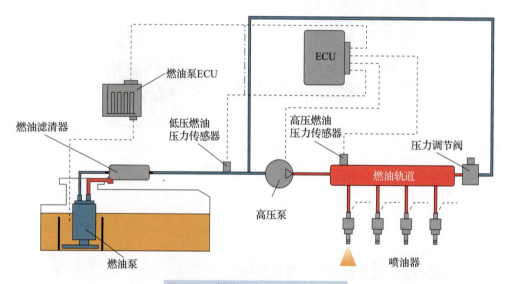

图 4-78 燃油缸内直喷系统构造图

电动燃油泵给高压泵供应压力约为 6bar 的燃油。在下述工况时，预供油压力必须提高 2bar：在发动机停机时；发动机起动前；在发动机起动过程中以及发动机起动后的 5s 之内；在热起动以及热机运行时，其控制时间取决于温度，其目的是防止燃油内产生气泡。

燃油供给系统高压部分主要包括高压燃油分配管、高压燃油压力传感器和燃油压力调节器、高压燃油喷油泵、高压燃油管、高压喷油阀等。如图 4-79 所示，高压泵通常由凸轮轴以机械方式来驱动，发动机电控单元根据发动机负荷和转速，控制高压泵上的燃油压力调节器，可以使高压泵输出燃油达到 50~110bar。限压阀被拧紧在燃油分配器上，它保护部件不因过高燃油压力而热膨胀或损坏。该阀在压力超过 120bar 时打开。它通过泄漏管路把燃油分配管中的燃油送回至供油管路中。

项目四 燃料供给系统的工作原理与检修

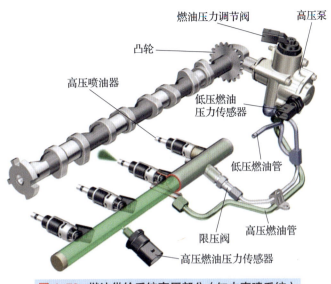

图 4-79 燃油供给系统高压部分（缸内直喷系统）

缸内喷射电控系统传感器的原理和检修

1. 燃油压力传感器的原理和检修

缸内喷射发动机燃油压力传感器包括高压燃油压力传感器和低压燃油压力传感器。高压燃油压力传感器能将燃油的压力转换为电信号传给发动机控制单元，发动机控制单元分析高压燃油压力信号，通过燃油压力调节阀来调节燃油分配器内的压力。如果高压燃油压力传感器失灵，发动机控制单元以一个固定值控制燃油压力调节阀。

发动机控制单元根据低压燃油压力信号控制低压燃油系统中的压力。根据不同的发动机，燃油压力在 0.5~5bar 之间。如果低压燃油压力传感器失灵，发动机控制单元将用固定脉冲宽度调制信号来控制电子燃油泵，低压燃油系统中的压力将会升高。

工作原理如图 4-80 所示，当燃油通过测压口流向燃油压力传感器，传感器内电阻应变片形状和电阻发生改变，进而引起惠斯登电桥输出端的电压变化，通过集成电路的处理，使信号端输出的电压发生变化，ECU 便根据此电压计算出当前的燃油压力。

高压燃油压力传感器其电路如图 4-81 所示，发动机控制单元给传感器供电，供电电压 5V，燃油压

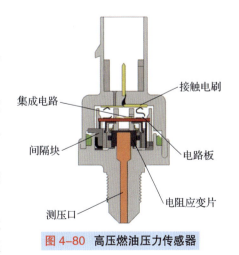

图 4-80 高压燃油压力传感器

115

力升高时电阻降低,于是信号电压升高,可以在不同油压下测量其信号电压。

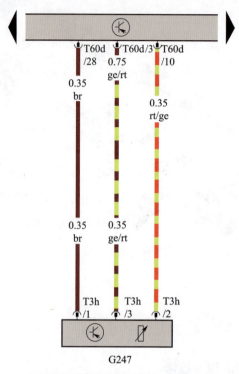

图4-81 高压燃油压力传感器电路

1—电源线 2—信号 3—搭铁

2. 宽频氧传感器的工作原理和检修

缸内直喷发动机采用稀薄燃烧,空燃比为10~20,原有的氧传感器无法适应,于是就采用了宽频氧传感器。宽频氧传感器安装在三元催化转化器前,它能使发动机调整空燃比更加精确。

(1)宽频氧传感器的工作原理 宽频氧传感器也称之为宽带氧传感器,它包括单元泵、测量室、加热器等,如图4-82所示。宽频氧传感器是在普通氧化锆型传感器基础上发展起来的,它利用氧化锆的两种特性,一是氧化锆两侧含氧量不同时,氧化锆两侧的电极产生电动势;二是氧化锆两侧的电极加上电压时,可以使氧离子移动。

宽频氧传感器工作原理如图4-83所示,通过单元泵工作,可将尾气中的氧吸入测量室。施加在单元泵上变化的电压,即为传递给控制单元的电信号。氧化锆一面与大气接触,一面与测量室的尾气接触,两侧氧含量不同会产生一个电动势。一般的氧化锆传感器将此电压作为控制单元的输入信号来控制空燃比,而采用宽频氧传感器的发动机控制单元要使氧化锆两侧的氧含量保持一致,让电压值维持在0.45V。

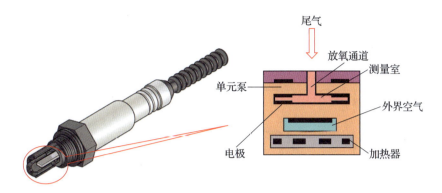

图 4-82 宽频氧传感器的组成

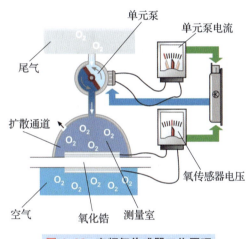

图 4-83 宽频氧传感器工作原理

当混合气偏浓时，单元泵以原来的工作电流工作，测量室的氧量少，氧传感器电压值超过 0.45V。控制单元增大单元泵的工作电流，使泵入测量室中的氧量增加，氧传感器电压值又恢复到 0.45V。当混合气偏稀时，氧传感器电压值低于 0.45V，控制单元减小单元泵的工作电流，使泵入测量室中的氧量减少，氧传感器电压值又能恢复到 0.45V。

（2）宽频氧传感器的检查 宽频氧传感器电路如图 4-84 所示，前氧传感器为宽频氧传感器，其侧插头的 2 号与 6 号端子之间串联了一个微调电阻，阻值约 125Ω。端子 3 与 4 为加热器供电，来自油泵继电器的 12V 电由 3 号端子输入，4 号端子由电脑控制搭铁。加热器电阻约为 2~5Ω。

点火开关 OFF，拔下前氧传感器的插头，点火开关 ON，在线束侧插头测量各端子的电压值。1 号与 5 号端子之间的电压差应为 0.45V 左右；3 号端子对地电压为 12V，2s 后为变为 0，这是因为点火开关打到 ON 位置不打车，电脑控制油泵继电器只有 2s 左右的通电时间。

用诊断仪读取宽量程氧传感器的电压信号应为 1.0~2.0V。电压值大于 1.5V 时混合气过稀，电压值小于1.5V时混合气过浓。

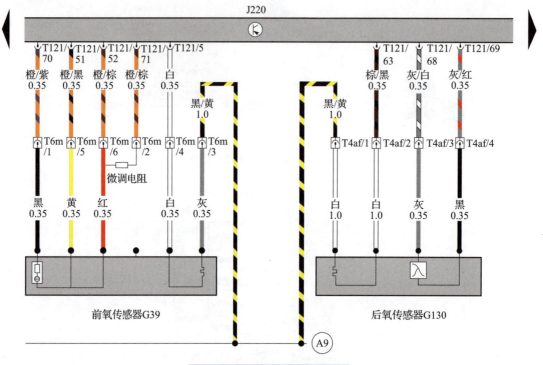

图 4-84 宽频氧传感器的电路

三 缸内喷射电控系统执行器的工作原理和检修

1. 喷油器的原理和检修

燃油经过高压油泵加压之后，进入高压油轨，燃油会在高压油轨内稳压。由于高压油轨和燃烧室之间存在压力差，燃油可以直接喷入气缸内。喷油器的任务就是在精确的时刻将精确的燃油量喷入燃烧室。喷油器内部还有电磁阀，可以实现对喷油量和时机精度的控制。喷油器结构如图4-85和图4-86所示，ECU控制电磁线圈通电，衔铁带动针阀打开，喷油器虽然只有一个喷孔，但是它能在短时间内喷出大量的燃油。

喷油器开启电压约为65V，喷射出的燃油量由阀开启时间和燃油压力决定。喷油器与燃烧室之间由一个聚四氟乙烯密封圈密封，每次拆卸后必须更换该密封圈。2018款途安1.4T发动机喷油器电路如图4-87所示。

拆卸喷油器或其他高压系统部件时，需要卸压，否则高压时流出的燃油可能会严重灼伤皮肤和眼睛。该燃油供给系统卸压方法是：①拔下活性炭罐插头；②拔下燃油泵熔丝；③起动发动机；④连接专用诊断仪，注意01/08/106的显示区1下的燃油压力（怠速时为

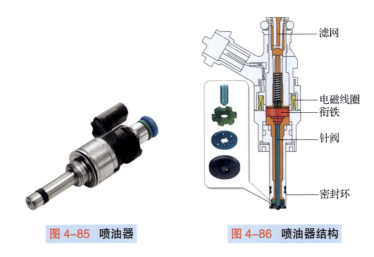

图 4-85 喷油器　　图 4-86 喷油器结构

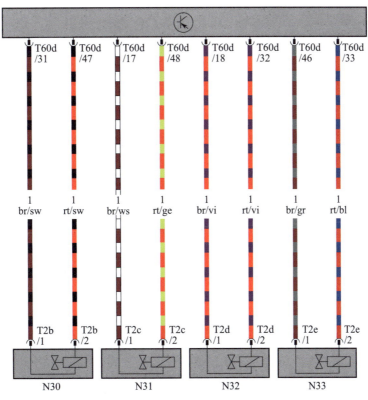

图 4-87 喷油器电路

50bar）；⑤当燃油压力在 6~8bar 时关闭发动机（否则会损坏三元催化转化器），拆下喷油器或其他高压部分；⑥完成修理后要清除故障码。

2. 燃油压力调节器的原理和检修

如图 4-88 所示，燃油压力调节器集成于高压油泵，它是一个由 ECU 控制的电磁阀，

ECU 以脉冲宽度调制的方式控制燃油压力调节器。燃油压力调节器结构如图 4-89 所示，它由线圈、针阀和衔铁等组成，它通过控制流入高压泵的燃油量来调节高压区域的燃油压力，使高压油泵仅产生当前工作状态必需的压力，从而减小功率消耗，避免没有必要的燃油加热。

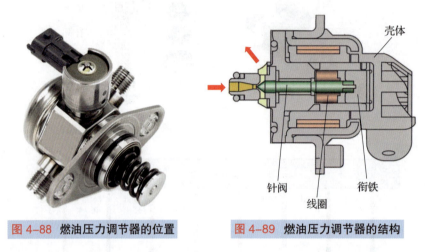

图 4-88 燃油压力调节器的位置　　图 4-89 燃油压力调节器的结构

出于安全原因，如果不通电，燃油压力调节器打开。高压泵会通过打开的阀座将总供油量泵回到低压循环回路中。当驱动线路失效时，高压油泵进入低压模式，发动机仍可应急运行。

如图 4-90 所示，高压泵建立油压时，燃油压力调节器通电时产生磁场，使进油口的低压油与泵腔内高压油通道关闭。泵活塞向下运动时，燃油经进油阀进入泵腔。泵活塞向上运动时，燃油被压缩，高压燃油就被输送到燃油分配管内。高压泵的单向阀用于防止燃油分配管内的压力卸掉。当燃油压力所需压力时，燃油压力调节器在供油升程结束前启动，使进油口的低压油与泵腔内高压油通道连通，泵腔内的压力就会卸掉，燃油流回高压泵的进油侧。燃油压力调节器的电路如图 4-91 所示。

3. 低压燃油泵及燃油泵 ECU

低压燃油泵的检查方法与普通车辆的燃油泵的检查方法相同。但需要注意：当发动机处于静止状态而油泵运转时，燃油泵上的电压比蓄电池电压低约 2V。如果更换燃油泵，需要使用专用诊断仪学习燃油泵特性。

燃油泵 ECU 通过 PWM 信号（脉冲调制宽度）控制电子燃油泵，如图 4-92 所示，它通常位于电子燃油泵输油管旁。它将低压燃油系统中的压力控制在 0.5~5bar 之间。暖机和冷机起动时，压力最高可升至 6.5bar。根据不同的系统，该数值可能有所差异。失灵时的影响：如果燃油泵控制单元失灵，发动机将无法运行。燃油泵 ECU 电路如图 4-93 所示。如果燃油系统燃油耗尽或在装配工作期间打开。则管路中有空气难以起动，需要对燃油供给系统排气，通过连接诊断仪操作"燃油系统排气"功能完成排气。

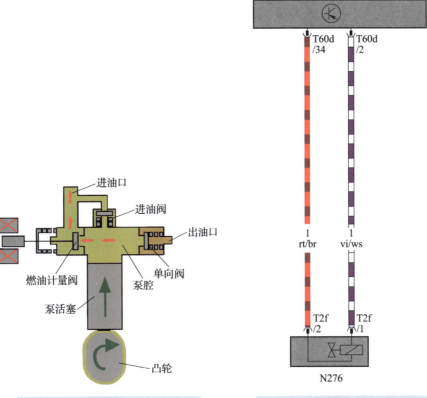

图 4-90 燃油压力调节器工作原理　　图 4-91 燃油压力调节器的电路

图 4-92 燃油泵 ECU 位置

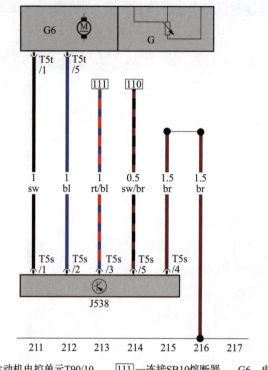

图 4-93 燃油泵 ECU 电路

110—连接发动机电控单元T90/10　　111—连接SB10熔断器　　G6—电动燃油泵

4. 进气歧管翻板电机的原理和检修

为了可以增强涡旋效果，改善发动机进气效率，有的直喷发动机采用了进气歧管翻板。如图 4-94 所示，ECU 通过进气歧管翻板电机可以控制进气翻板打开或关闭。转速和负荷在一定范围时，例如，奥迪 3.2I V6 FSI 发动机在转速低于 3750r/min 或发动机负荷低

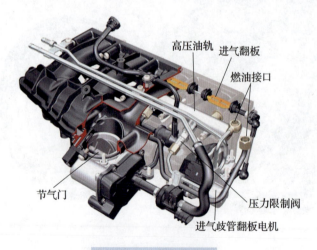

图 4-94 进气翻板位置

于40%时，进气歧管翻板是关闭的，进气翻板关闭封住下进气道，于是空气运动就加速了，吸入的空气呈旋转状进入气缸，如图4-95所示。在其他转速范围内，增压运动翻板会保持打开状态，以免产生流动阻力并导致功率降低。当进气歧管电机失灵时，ECU无法调节进气歧管翻板，进气歧管翻板将处于打开位置。为了更有利于燃油和空气的混合，如图4-96所示，直喷发动机采用表面有特殊轮廓形状的活塞。

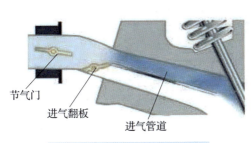

图4-95 进气翻板工作原理图

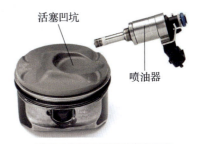

图4-96 直喷发动机活塞

四 柴油缸内喷射发动机燃油供给系统

柴油发动机是内燃机的一种，其工作原理和汽油发动机类似。柴油发动机没有点火系统，它的混合气是被压燃的。在压缩行程，气缸内压力和温度都提高，为燃烧提供条件。在压缩行程结束前，喷油器将柴油喷入气缸，柴油与空气混合形成可燃混合气并被压缩自燃，在做功行程产生动力。

柴油发动机相比汽油发动机的优缺点如下：

1）经济性较好。由于柴油比汽油热效率高30%，因此，柴油发动机能节省燃料，降低燃料成本。

2）柴油发动机可靠性比较高。柴油发动机无需点火系统，供油系统也比较简单，所以柴油发动机的可靠性要比汽油发动机的好。

3）压缩比高。柴油工作压力大，要求各有关零件具有较高的结构强度和刚度，所以柴油机比较笨重，体积较大。

4）缺点。柴油机工作粗暴，振动噪声大。柴油不易蒸发，冬季冷车时起动困难。

如图4-97所示，传统柴油发动机燃油供给系统主要包括高压柴油泵、柴油滤清器、高压油管、喷油器等。传统柴油发动机喷油的压力随着发动机转速与喷油量的增加而增加，无法精确地控制喷油量，导致废气排量大，这种柴油系统已经无法满足日益严格的排放法规和降低油耗的愿望。

目前电控柴油发动机普遍采用共轨系统，共轨系统是将燃油在高压下储存在高压油轨中，从本质上克服了传统柴油机喷射系统的缺陷，可根据发动机不同的工况灵活控制喷射

图 4-97 四缸柴油发动机

压力和油量，从而实现低转速高喷射压力，达到低速高转矩，低排放及优化燃油经济性的目的。

如图 4-98 所示，电控柴油发动机电控单元根据加速踏板位置传感器、曲轴转速传感器等信号，可以推算出理想的喷油量和喷油时间，它再控制带有电磁阀的喷油器精确喷油，达到更好的排放能力，更低的燃油消耗。

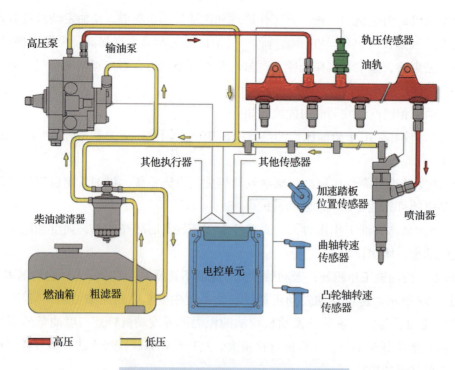

图 4-98 电控柴油发动机燃油喷射控制系统

项目五
点火系统的工作原理与检修

学习任务一　点火系统的认知

 点火系统的作用

由于汽油自燃温度高，难以被压燃，因此汽油发动机设置了点火系统，采用电火花点燃可燃混合气统，如图 5-1 所示。点火系统的作用是将电源供给的低压电转变为高压电，并按照发动机的做功顺序与点火时间的要求，适时、准确地配送给各缸的火花塞，在其间隙处产生电火花，点燃气缸内的可燃混合气。

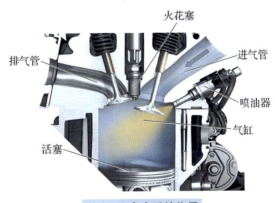

图 5-1　点火系统作用

 点火系统的工作原理

1. 传统点火系统的工作原理

点火系统根据工作原理分为传统点火系统、电子点火系统和计算机控制点火系统。传统点火系统的工作原理如图 5-2 所示，电流从蓄电池正极到初级绕组、断电器、蓄电池负极。当断电器断开时，初级绕组电路被切断，初级绕组中电流下降为零，在点火线圈次级绕组中产生感应电压，此感应电压称为次级电压，次级电压经高压线传递给火花塞，击穿火花塞间隙后产生火花，点燃混合气。

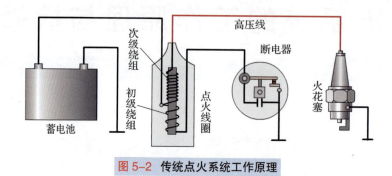

图5-2　传统点火系统工作原理

传统点火系统及后来发展的电子点火系统由于控制精度不高已经被淘汰。

2.计算机控制点火系统的工作原理

计算机控制点火系统即电控点火系统，这种点火系统的点火提前角由计算机控制，从而使发动机在各种工况下都具备最佳的点火提前角，提高了发动机的动力性和经济性，且保证排放污染最小。

早期计算机控制点火系统需要使用图5-3所示的分电器，它按照发动机的点火顺序，在规定的时间内，将高压电分配给各气缸的火花塞，点燃混合气。分电器存在触点容易磨损和烧蚀等缺点，目前已经很少使用。

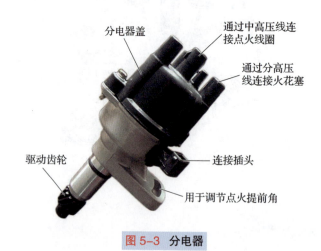

图5-3　分电器

无分电器的计算机控制点火系统的组成如图5-4所示，发动机工作过程中，曲轴位置传感器、节气门位置传感器等将检测到的信号输送至ECU。ECU根据各传感器信号确定出最佳点火提前角，并在适当时刻向点火控制模块发出点火信号。点火控制模块通过其内部的功率晶体管控制点火线圈初级电路周期性通断，点火线圈产生高电压，使火花塞跳火，点燃缸内的可燃混合气。

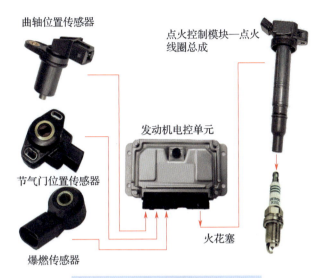

图 5-4 计算机控制点火系统的组成

三 对点火系统的要求

点火系统要点燃气缸内的可燃混合气，让发动机正常工作，必须具备足够高的击穿电压、点火能量和适时点火。

如图 5-5 所示，能使火花塞两电极间产生电火花的足够高的电压称为击穿电压，击穿电压一般为 1 万～2 万 V。气缸内混合气的压力与温度，火化塞电极的间隙及温度，发动机工况等都会影响击穿电压。发动机正常工作时，点火能量很小就能点燃混合气，而发动机起动、急速和急加速时，由于低温、混合气浓度等影响，需要很高的点火能量才能点燃混合气。

图 5-5 电火花

点火系统应满足发动机工作顺序的点火要求，例如，一般直列四缸发动机点火顺序为 1-3-4-2。其次，必须在最佳的时刻进行点火。点火时刻用点火提前角来表示。点火提前角是指从火花塞产生电火花到活塞运行至上止点时曲轴转过的角度。通常把发动机发出最大功率和最小油耗时的点火提前角称之为最佳点火提前角。最佳点火提前角随发动机转速升高而加大，随负荷增大而减小。汽油辛烷值越高其抗爆性能越好，不易产生爆燃，故可以增大点火提前角。

四 点火提前角的检查

检查点火正时的方法包括两种：包括使用检测仪检测和使用正时灯检测。使用检测仪器检测时，在暖机后连接检测仪，进入相应的菜单，在急速时检查点火正时应为上8°～12°BTDC（上止点前）。需注意连接或断开检测仪时，点火开关需处于 OFF 位置。检测时，还需关闭所有电气系统和空调，变速器换至空档，冷却风扇应停止运转。

点火正时灯结构如图 5-6 所示，它是利用发动机第 1 缸跳火信号触发闪光灯的闪亮，使用正时灯检查点火正时的步骤如下。

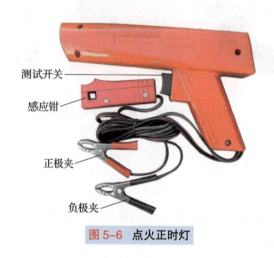

图 5-6 点火正时灯

1）暖机并停止发动机。

2）如图 5-7 所示，拉出线束，将正时灯的卡子连接至线束。需注意要连接第一缸的线束。需注意在检查后，用胶带包住线束。

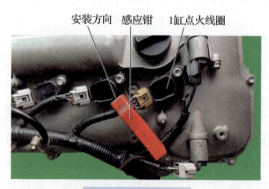

图 5-7 连接正时灯

3）将点火开关置于 ON 位置，如图 5-8 所示，使用 SST 连接 DLC3（OBD-Ⅱ 插接器）的端子 13（TC 触发）和 4（CG 底盘搭铁）。需注意连接端子前检查端子号，端子连接错误可能会损坏发动机。

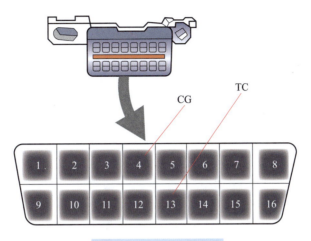

图 5-8　OBD-Ⅱ插接器

4）关闭所有电气系统和空调，检查冷却风扇应停止运转，变速器处于空档。如图 5-9 所示，将点火正时灯对准曲轴传动带盘，在怠速时，点火正时应为 8°~12°BTDC。

5）断开 DLC3 的端子 13 和 4，将点火开关置于 OFF 位置，拆下正时灯。

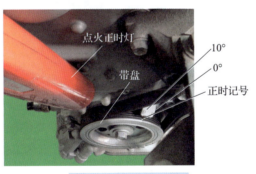

图 5-9　检查点火正时

学习任务二　点火系统的组成与检修

一　火花塞的工作原理与检修

1. 火花塞的工作原理

火花塞的作用是将高压电引入气缸燃烧室，产生电火花来点燃混合气。汽油发动机混合气在压缩以后，需要点燃才能"引爆"。安装在气缸上的火花塞就是扮演"引爆"的角色。火花塞点火的原理类似雷电，其头部有中心电极和侧电极，两个电极之间有个约为 0.9~1.3mm 的间隙，火花塞工作时能产生高达 1 万多 V 的电火花，可以瞬间"引爆"气缸内的混合气体。

火花塞的结构如图 5-10 所示，它由绝缘体、金属杆、中心电极、侧电极等组成，金属杆上部安装带有螺母的接线螺杆，中间用绝缘瓷管绝缘，下部是中心电极，中心电极与金属杆之间是导体玻璃密封剂，它既要能够导电，也要能承受混合气燃烧的高压，还要抑制无线电干扰，同时又保证其密封性。

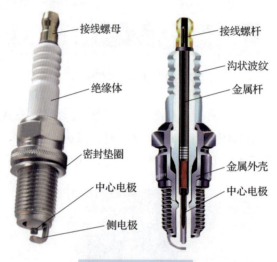

图 5-10 火花塞结构

火花塞的热值表示其散热快慢，数值越大就散热越快，不同的发动机要求使用的火花塞不同，必须匹配。轿车的行使速度快，压缩比高，一般需用热值较高的火花塞。如图 5-11 所示，冷型火花塞裙部短，适用于压缩比高的发动机；热型适用于中低速低压缩比的小功率发动机。能够大量散热的称为冷型火花塞，也就是高热值火花塞，冷型火花塞的绝缘体裙部相对较短，由于散热途径比较短，散热相对较多，所以不易造成中心电极温度的上升。

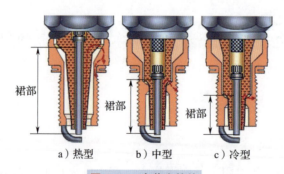

图 5-11 火花塞热值

2. 跳火测试

1）为防止未燃汽油进入三元催化转化器对其进行损坏，需断开所有喷油器插接器或相关熔丝。

2）如图5-12所示，将拆下的火花塞安装到点火线圈上，并将火花塞搭铁。起动2s，检查火花塞是否有白色或紫色的火花。

3）如火花较暗，说明点火能量不足，需更换火花塞或检查原因。跳火位置应在电极间隙间，如果跳火位置在火花塞的裙部，应该清理火花塞裙部的积炭或更换火花塞。如无火花，应检查故障原因。

图 5-12 跳火测试

3. 火花塞的检修

1）目视检查。检查火花塞颜色，如图5-13所示，正常火花塞通常其头部呈暗红色。检查火花塞绝缘体表面是否出现电弧烧蚀的痕迹，如有痕迹说明存在漏电现象。检查火花塞是否积炭，火花塞的积炭层是具有一定电阻的导体，会影响跳火电压，甚至造成不跳火，因此需要清理火花塞的积炭，如果积炭严重，需要查明原因。

2）如图5-14所示，检查火花塞的间隙，一般为1.1~1.3mm，测量时，塞尺与电极之间应有轻微的阻力。

图 5-13 火花塞的直观检查

图 5-14 检查火花塞间隙

3）检查绝缘电阻和内阻。如图 5-15 所示，用绝缘电阻表测量火花塞两电极之间绝缘电阻，应为 10MΩ 或更大。火花塞的内阻可以放缓点火电流变化和抑制产生电磁波，把电磁干扰限制在最小限度内，火花塞的内阻应在 1~20kΩ 之间。

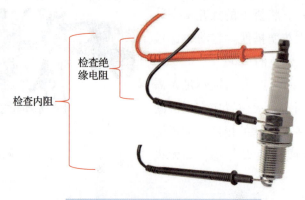

图 5-15 检查火花塞绝缘电阻和内阻

二　点火线圈的工作原理与检修

点火线圈的功用是将 12V 的低压电转变成 15~20kV 的高压电。火花塞要点火，需要给它提供高压电，而蓄电池只能提供 12V 的电压，为此，需要采用点火线圈将 12V 的低压提高到 15~20kV。

点火线圈实际上是一个升压变压器，它由初级绕组、次级绕组和铁心等组成，如图 5-16 所示。通过绕组自感和互感原理实现电压升高，当初级绕组中的电流被切断时，次级绕组中产生高压。随着点火系统的发展，现在车上使用闭磁路点火线圈，这种点火线圈体积小、质量轻、对无线电的干扰小，其结构如图 5-17 所示。

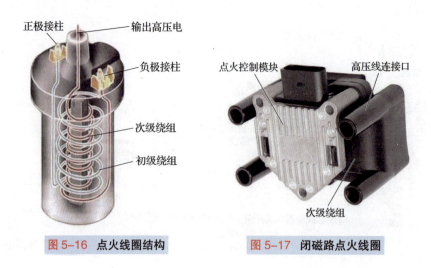

图 5-16 点火线圈结构　　　图 5-17 闭磁路点火线圈

控制汽车点火线圈工作的控制器俗称点火控制模块，点火线圈按发动机管理系统 ECU 的指令，在指定的时刻、对应的工况所需能量而点火。有的点火控制模块还提供给 ECU 反馈信号，供 ECU 判断点火线圈工作是否正常。例如，1ZR 发动机 ECU 如果没有接收到反馈信号，只控制喷油器喷油 3s 便停止喷油。

目前，普遍使用每缸都有点火线圈的独立点火系统，其点火线圈还集成了高压线、点火控制模块等功能。如图 5-18 所示，单缸点火系统每个气缸由一个点火线圈点火，火花塞连接在各个点火线圈次级绕组的末端。点火线圈次级绕组中产生的高电压直接作用到各个火花塞上。

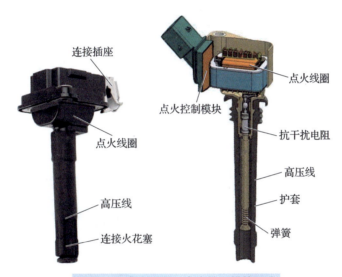

图 5-18 点火线圈—点火控制模块总成

单缸独立点火系统工作原理如图 5-19 所示，ECU 确定点火正时并向每个气缸发送点火信号 IGT。ECU 根据 IGT 信号接通或关闭点火控制模块内的功率晶体管的电源。功率晶体管进而接通或断开流向初级绕组的电流。当初级绕组中的电流被切断时，次级绕组中产生高压。此高压被施加到火花塞上并使其在气缸内部产生火花。一旦 ECU 切断初级绕组电流，点火控制模块会将点火确认 IGF 信号发送回 ECU，用于各气缸点火。初级电流中断

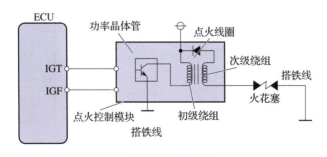

图 5-19 单缸独立点火系统

产生的反电动势，使这个电路传送一个 IGF 信号至 ECU，ECU 由这个信号检测到点火是否实际发生。这个信号用于诊断和失效保护功能。

三 曲轴位置传感器的工作原理与检修

发动机曲轴位置传感器也称为曲轴转速传感器，它是非常重要的传感器之一，它产生故障后将影响发动机起动。发动机曲轴传感器的作用是感应并传输曲轴转速及位置信号给 ECU，作为 ECU 控制点火和喷油的主要依据之一。

1. 电磁式曲轴位置传感器的原理和检修

常见的曲轴位置传感器包括电磁式和霍尔式。电磁式曲轴位置传感器结构如图 5-20 所示，它主要包括信号轮和传感器本体，信号轮有 N 个齿，其缺齿位置用于判别曲轴的相对位置。信号轮旋转时，随着每个齿经过曲轴位置传感器，便产生一个脉冲信号，ECU 根据此信号计算出曲轴位置和发动机转速。

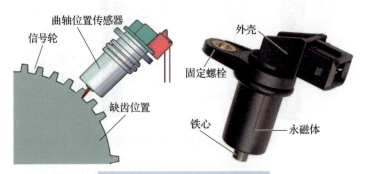

图 5-20 电磁式曲轴位置传感器

丰田卡罗拉 1ZR 发动机曲轴位置传感器电路如图 5-21 所示，NE+、NE- 分别是该传感器信号正极、负极。检查曲轴位置传感器的电阻，20℃时，其阻值为 1850~2450Ω；检

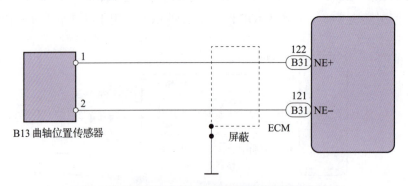

图 5-21 丰田 1ZR 发动机电磁式曲轴位置传感器电路

查曲轴的安装情况,检查信号盘是否缺齿或存在其他损坏;检查导线是否存在断路或短路;利用示波器检查其波形。

2. 霍尔式曲轴位置传感器的原理和检修

如图 5-22 所示,霍尔式和电磁式曲轴位置传感器外形基本相同,它也是包括信号轮和传感器本体。霍尔式曲轴位置传感器应用霍尔效应制成,如图 5-23 所示,当电流垂直于外磁场通过导体时,垂直于电流和磁场的方向会产生附加电场,从而在导体的两端产生电势差,这一现象就是霍尔效应,这个电势差也被称为霍尔电势差。

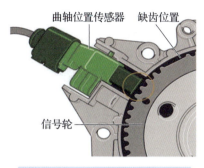

图 5-22 霍尔式曲轴位置传感器

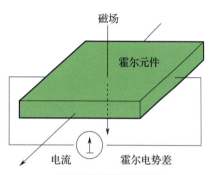

图 5-23 霍尔效应

霍尔式曲轴位置传感器电路如图 5-24 所示,检修时断开传感器插头,测量电控单元 1 号端子和 3 号端子之间的供电电压应为 4.5V,否则应检查 ECU 和插头之间的导线是否断路。检查信号线与搭铁线之间电压交替变化。

凸轮轴位置传感器将齿轮旋转数据转换为脉冲信号,并将这些脉冲信号发送到 ECU 来确定凸轮轴角度。ECU 利用此信号来判别气缸工作情况,用来控制点火及燃油喷射。电控单元通过检测凸轮轴传感器和曲轴传感器相对位置还可以检测传动链条的伸长度,当传动链条被拉长超过一定时,电控单元会存储故障记录。

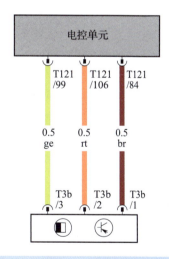

图 5-24 霍尔式曲轴位置传感器电路

四 爆燃传感器的工作原理与检修

发动机如果点火太迟,燃烧是在活塞下行时进行的,炽热的气体与气缸壁接触面积增加,这会导致发动机过热和功率下降。发动机如果点火太早,混合气在火焰还没有到达之前就自行发火,发动机这时会产生一种高频金属敲击声,这种现象既有损发动机功率,也容易损坏发动机。发动机采用了爆燃传感器来预防这种情况发生,爆燃传感器的作用是检测到发动机振动,并将振动转化为电信号,传输给电控单元。

1. 爆燃传感器的工作原理

如图 5-25 所示,爆燃传感器安装在气缸体上,检测发动机爆燃。发动机发生爆燃时,发动机计算机利用爆燃 KNK 信号延迟点火正时,以防止爆燃。爆燃传感器有一个压电元件,当由于爆燃使气缸体振动,导致压电元件变形时,压电元件就产生一个电压。发动机 ECU 判断发动机是发生爆燃。若发动机计算机判断发动机发生爆燃,就延迟点火正时,若爆燃停止,这一段预定的时间后,点火正时再次提前。

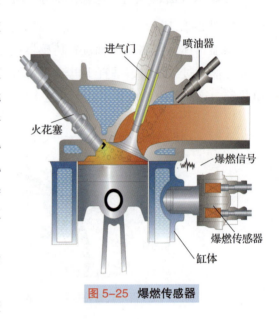

图 5-25 爆燃传感器

爆燃传感器的结构如图 5-26 所示,发动机振动时,通过外壳带动其内部的铁心振动,铁心产生位移,使通过感应线圈的磁路发生变化,通过线圈的磁通量也随之发生变化,线圈产生感生电动势,这就是传感器输出的电压信号。

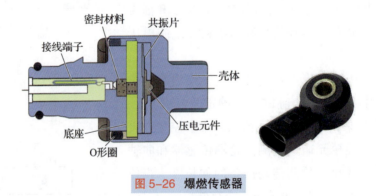

图 5-26 爆燃传感器

2. 爆燃传感器的检查

1)检查爆燃传感器。检查图 5-27 所示电路中爆燃传感器和 ECU 之间的线束没有断路,信号线 KNK1-2 没有对地短路。点火开关置于 ON 时,检查两端子之间的电压,应为 4.5~5.5V。在 20℃ 时,检查两端子之间的阻值,应为 120~280Ω。

2)拆装爆燃传感器。爆燃传感器的安装位置和上紧力矩非常重要,确保爆燃传感器在正确的位置,如图 5-28 所示。

项目五　点火系统的工作原理与检修

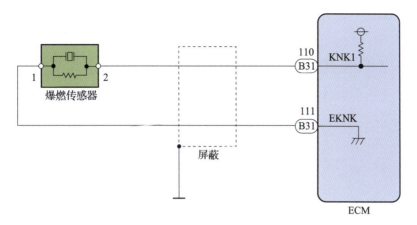

图 5-27　爆燃传感器电路

图 5-28　爆燃传感器安装

五　点火控制模块的检查

1. 检查电源与搭铁线

将点火开关置于 ON 位置，测量图 5-29 所示电路中 +B 和 GND 端子之间的电压为 12V 左右。如果异常，检查 +B 与搭铁之间的电压。如为 12V 左右，则检查 GND 与搭铁之间的阻值应小于 1Ω，否则检修或更换 GND 相关线束。如 +B 与搭铁之间的电压为 0V，则检查点火控制模块与 IG2 继电器之间的线束等。

2. 检查线束是否短路或断路

检查点火控制模块 IGT 和 IGF 端子与 ECU 之间的线束没有对地短路和断路。对地短路时，IGT 或 IGF 与搭铁之间的阻值小于 10kΩ。断路时，IGT 或 IGF 端子与 ECU 之间的线束阻值大于 1Ω。

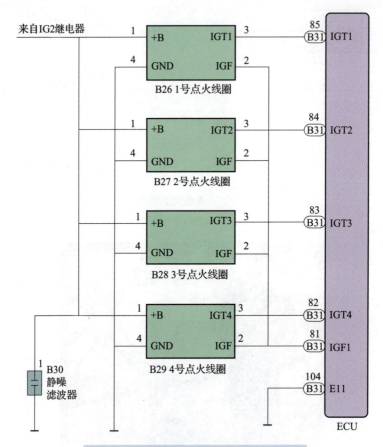

图 5-29 丰田 1ZR 发动机点火系统电路图

3. 检查脉冲波形

在点火开关置于 ON 位置时,测量 IGF 与搭铁之间的电压为 4.5~5.5V。在怠速时,检查点火信号(IGT)和点火反馈信号(IGF)的脉冲波形。

4. 换件检查

当怀疑某个点火控制模块有故障时,可以更换好的点火控制模块或其他缸点火控制模块进行试验检查,查看是否输出相同的故障码等。

项目六
润滑系统的工作原理与检修

学习任务一　润滑系统的工作原理

一　润滑系统的功能

发动机润滑系统的功能包括润滑、冷却、清洗、密封、防锈等。如图 6-1 所示，润滑作用是指在两零件的工作表面之间加入一层机油（润滑油）使其形成油膜，将零件完全隔开，处于完全的液体摩擦状态。机油可以带走热量，还可以设置专门的机油喷嘴，如图 6-2 所示，对活塞进行冷却。机油还可以冲洗零件表面带走金属屑，增强活塞环和气缸壁密封，防止零件生锈，用作液压介质等作用。

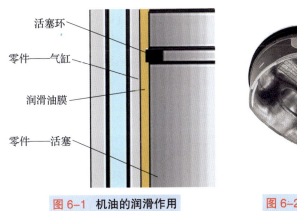

图 6-1　机油的润滑作用

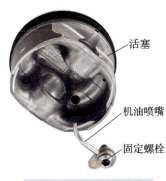

图 6-2　机油的冷却作用

二　润滑方式

发动机零件表面的润滑，按其供油方式可分为压力润滑和飞溅润滑。如图 6-3 所示，压力润滑是用机油泵将机油运送到需要润滑处，机油形成油膜以保证零件的润滑，例如曲轴主轴承、凸轮轴轴承等处承受的载荷及相对运动速度较大，需要采用压力润滑。如图 6-4 所示，飞溅润滑是利用运动零件飞溅起来的油滴或油雾来润滑零件摩擦表面。负荷较轻的气缸壁、活塞环等处采用飞溅润滑。

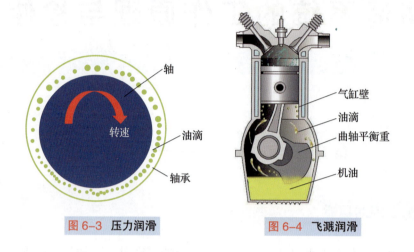

图 6-3　压力润滑　　　　　图 6-4　飞溅润滑

三　润滑油路

润滑系统一般由机油、机油泵、旁通阀、油底壳、机油滤清器、机油散热器等组成，如图 6-5 所示。发动机工作时，机油泵通过集滤器及油道从油底壳吸取机油，被吸取的机油一部分经旁通阀流回油底壳，另一部分机油经过机油滤清器和气缸体主油道，到达曲轴主轴承、连杆轴承等处，还有一部分机油经过机油滤清器、气缸体主油道、缸盖油道等到达凸轮轴、液压挺柱等处，后两部分机油润滑、清洗完零件后流回油底壳。

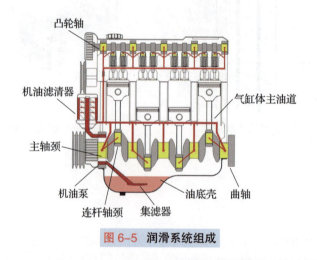

图 6-5　润滑系统组成

四 发动机机油

发动机润滑油简称机油，机油被喻为"血液"，发动机特殊的运行环境，要求机油黏度、抗氧化性、防腐性、清净分散性、抗泡沫性等性能符合规定的要求。机油的黏度对发动机性能有很大的影响。黏度过大，冷起动时发动机运行阻力大起动困难，机油也不容易泵送到摩擦表面；黏度过小，在高温、高压下容易从摩擦表面流失不能形成足够厚度的油膜。

如图 6-6 所示，正常的机油呈半透明的黄棕色，机油中含水会变成乳白色。机油有很多类型，我国国标参照国际通用的 API（美国石油学会）使用分类和 SAE（美国工程师协会）黏度分类法。

图 6-6 机油

1. 机油的分类

我国机油参照 API 使用分类方法，采用简单的代码来描述发动机机油的工作能力，用两个字母组合表示。"S"开头系列代表汽油机用油，一般规格依次由 SA 至 SN，每递增一个字母，机油的性能都会优于前一种。如图 6-7 所示，通常机油瓶上有机油级别标示。"C"开头系列代表柴油发动机用油，当"S"和"C"两个字母同时存在，则表示此机油为汽柴通用型。

机油型号
机油级别
机油量

图 6-7 机油型号和级别

技师引导 在汽车用户使用手册上有使用和更换机油的相关规定，需选择不低于规定标号的机油。例如手册上规定使用"15W–40 API SL"的机油，选择机油时，机油分级要不低于 SL，机油低温指数不大于 15，高温指数不小于 40。

我国机油黏度分类法参照 SAE 黏度分类方法，将机油分为冬季用油（W 级）和非冬季用油。为增大机油对季节和气温的适应范围，国家标准还规定了多级油的黏度级别。例如"5W–30"中，"W"表示 Winter（冬季），其前面的数字越小说明机油的低温流动性越好。W 后面的数字代表机油在 100℃ 时的运动黏度，数值越高说明黏度越高。

2. 机油的检查

在使用车辆时，需常检查机油。在平坦地方停机至少 5min 以后，拔出机油尺并擦干净，机油尺位置如图 6-8 所示。重新把机油尺插入导孔后拔出检查，机油量应该位于上限和下限刻度之间，如图 6-9 所示。需注意检查机油尺时，机油尺不宜过平，机油尺两面显示油量不一致时，以低刻度为准。

图 6-8　机油尺位置　　　　　图 6-9　机油量的检查

检查机油质量时包括：不应出现乳白色，不应有汽油的气味，不应含有金属杂质，用手指感觉其黏度应正常。机油在使用过程中，由于高温氧化及燃烧物混入等原因，会劣化变质，导致润滑性能下降。因此，机油通常每 5000km 需要更换。

学习任务二　润滑系统的组成与检修

一、机油泵的结构与检修

机油泵将机油提高到一定压力后，强制地压送到发动机各摩擦表面。机油泵一般安装在曲轴箱内，由曲轴、凸轮轴或中间轴驱动。汽车发动机多采用齿轮式机油泵和转子式两类。

1. 齿轮式机油泵

齿轮式机油泵有外啮合式和内啮合式。外啮合齿轮式机油泵结构如图 6-10 所示，主动齿轮轴通过中间轴或凸轮轴、曲轴获得动力，然后将动力传给主动齿轮、从动齿轮。泵壳用螺栓安装在曲轴箱内。

项目六 润滑系统的工作原理与检修

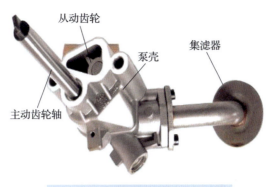

图6-10 外啮合齿轮式机油泵结构

齿轮式机油泵工作时，齿轮按图6-11所示方向转动，进油腔的容积在齿轮脱离啮合的方向增大，因而使进油腔内产生真空度吸进机油。随着齿轮的转动，轮齿间的机油进入出油腔。出油腔的容积因齿轮进入啮合状态而减小，油压升高，机油便经出油口被压送到机油道中。

内啮合齿轮式机油泵和外啮合齿轮式机油泵工作原理基本相同，但它们结构不同，内啮合齿轮式机油泵结构如图6-12所示，主动小齿轮与内齿圈的中心线不重合，啮合后形成的空腔内安装了月牙形块。月牙形块将小齿轮和内齿圈隔开，形成进油腔和出油腔。

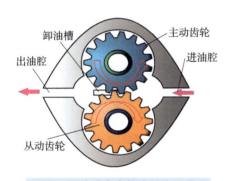

图6-11 外啮合齿轮式机油泵原理

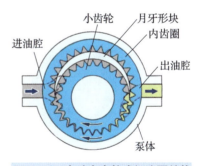

图6-12 内啮合齿轮式机油泵结构

2. 转子式机油泵

如图6-13所示，转子式机油泵由壳体、内转子、外转子等组成。内转子由曲轴齿轮直接或间接驱动，内转子和外转子有一定的偏心距，使得内、外转子间形成四个工作腔，随着转子的转动，这四个工作腔的容积不断变化，完成吸油和压油的过程。

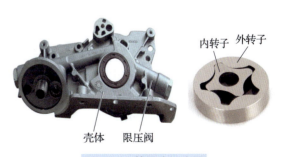

图6-13 转子式机油泵

143

3. 变排量机油泵

当发动机的转速逐渐上升，机油泵泵油量和压力随着转速增加而增加，泵油量和压力满足润滑需要后，继续增加就会多消耗一部分发动机功率，所以需要采用变排量机油泵。采用可变排量机油泵一般能降低乘用车发动机1%~2%的燃油消耗。如图6-14所示，变排量机油泵采用叶片泵，由转子、滑阀、叶片、调节油室、机油压力控制电磁阀等组成。机油压力控制电磁阀安装在主油路上，它由计算机控制。

如图6-15所示，当发动机低速工作时，计算机控制机油压力控制电磁阀使调节油室的油压降低，此时，弹簧推动滑阀向左移动，进油腔容积大，机油泵排量大，满足发动机润滑的需求。当发动机高转速工作时，计算机控制机油压力控制电磁阀使调节油室的油压增加，滑阀向右移动，进油腔容积小，机油泵排量小，避免回流，节约能耗。

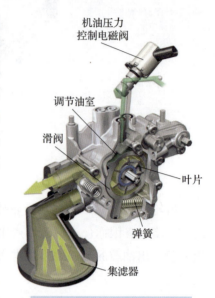

图6-14 可变排量机油泵结构

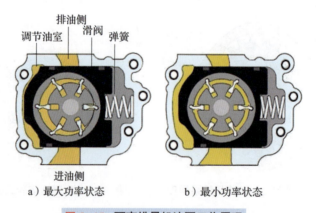

图6-15 可变排量机油泵工作原理

4. 机油泵的拆装与检修

1）分别将链条绕在机油泵主动、从动链轮上，用游标卡尺测量链轮和链条的直径，丰田1ZR发动机主动链轮和从动链轮的最小值分别为48.8mm和48.2mm，如果直径小于最小值，则更换链条和链轮。

2）拆下机油压力传感器，安装图6-16所示的机油压力表，在怠速时，丰田1ZR发动机的机油压力应该不低于25kPa，在3000r/min时，机油压力在150~550kPa，否则需要检查机油泵。

3）如图6-17所示，用塞尺测量主动转子和从动转子之间的间隙，丰田1ZR发动机的该间隙标准值为0.080~0.160mm，最大值为0.35mm，如果该间隙大于最大值，则更换机油泵。

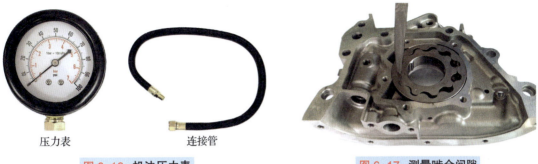

图6-16 机油压力表　　图6-17 测量啮合间隙

4）如图6-18所示，用塞尺和钢直尺测量2个转子和端面的间隙。丰田1ZR发动机的该间隙标准为0.030~0.080mm，最大值为0.16mm，如果间隙大于最大值，则更换机油泵。

5）如图6-19所示，用塞尺测量从动转子和机油泵体间的间隙，丰田1ZR发动机的该间隙标准为0.120~0.190mm，最大值为0.325mm，如果泵体间隙大于最大值，则更换机油泵。

图6-18 测量转子端面间隙　　图6-19 测量泵体间隙

二　限压阀的工作原理和检修

如图6-20所示，限压阀一般安装在机油泵上，限压阀包括柱塞（或球阀）、弹簧和螺塞。当主油压超过规定时，柱塞克服弹簧压力被顶开，限压阀打开泄去部分压力，维持主油道内的正常油压，如图6-21所示。

检查限压阀时在柱塞上涂抹一层发动机机油，检查并确认柱塞能依靠自身重量顺畅地滑入阀孔中，否则更换机油泵。

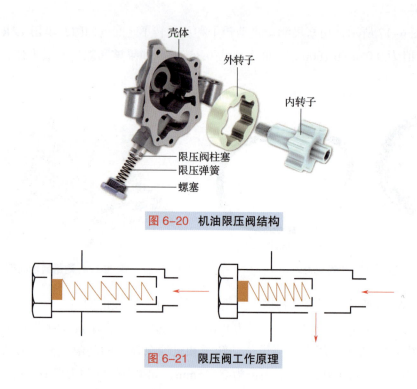

图 6-20 机油限压阀结构

图 6-21 限压阀工作原理

三　机油滤清器的原理和更换

为使机油泵很好地工作,在机油泵前端安装了机油集滤器,过滤较大的杂质,其结构如图 6-22 所示。发动机工作过程中,金属磨屑和积炭等杂质不断混入机油。为了保证润滑作用,机油在送到摩擦表面前,必须经过严格地滤清。

机油滤清器结构如图 6-23 所示,它包括外壳、滤芯、旁通阀等,它可以滤掉机械杂质和胶质等,保持机油的清洁,延长机油使用期限。在滤清器内部设置旁通阀,滤芯堵塞后,机油可以经过旁通阀直接送出。

图 6-22　机油集滤器　　图 6-23　机油滤清器结构

通常机油和机油滤清器需要在5000~10000km更换。安装新机油滤清器前，应该检查并清洗机油滤清器的安装面，在新机油滤清器的衬垫上涂抹一层干净的机油。使用类似图6-24所示的专用套筒，将机油滤清器轻轻地旋到位并拧紧，直到衬垫接触机油滤清器底座，再将机油滤清器再拧紧3/4圈或规定的力矩。

图6-24 机油滤清器专用套筒

四 润滑系统的其他元件

1. 油底壳

油底壳用来容纳和冷却机油。如图6-25所示，油底壳多由薄钢板冲压而成，内部装有稳油挡板，有利于机油杂质的沉淀。放油螺塞的拧紧力矩不能过大，否则容易造成油底壳损坏，丰田1ZR发动机油底壳放油螺栓拧紧力矩为37N·m。

2. 机油冷却器

发动机运转时，由于机油黏度随温度升高而变稀，降低了润滑能力。在大功率发动机上，由于热负荷大，必须装用机油冷却器。如图6-26所示，机油冷却器通常采用水冷式，它的作用是冷却机油，保持油温在正常工作范围内，保证机油黏度适当。

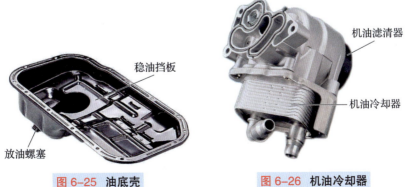

图6-25 油底壳　　图6-26 机油冷却器

3. 机油喷管

直喷发动机的工作温度更高，有的发动机气缸体下部装有机油冷却喷管（或喷管嘴），通过向活塞内腔喷射机油以帮助活塞冷却散热，如图6-27所示，这对减轻发动机爆燃倾向有明显作用。如果机油冷却喷嘴堵塞，活塞就会积热升温，也易导致活塞烧顶损坏。

图6-27 机油喷管

五 曲轴箱通风装置

在发动机工作时，燃烧室高压可燃混合气和已燃气体，或多或少会通过活塞与气缸壁之间的间隙进入曲轴箱内。窜入的气体会稀释机油，降低机油的使用性能，形成油泥而阻塞油路，使曲轴箱的压力过高而破坏曲轴箱的密封等。为此，设置了曲轴箱通风装置。

1. 自然吸气式发动机曲轴箱通风装置的工作原理和检修

目前发动机上普遍采用强制式曲轴箱通风装置，如图6-28所示，曲轴箱内的混合气通过曲轴箱强制通风阀（PCV阀）及通风软管导向进气管，返回气缸重新燃烧，这样既可以减少排气污染，又提高发动机的经济性。

（1）PCV阀的工作原理和检查　PCV阀属于单向计量阀，它可以控制通气量的大小，还可以防止气体或火焰反向流动。如图6-29所示，PCV阀安装在气门室盖上。如图6-30所示，PCV阀由壳体、弹簧、阀座和锥形阀芯组成。

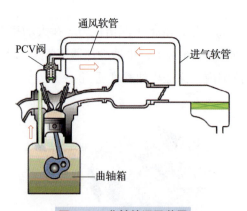

图6-28 曲轴箱通风装置

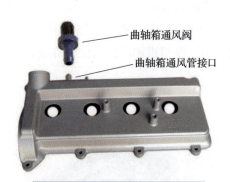

图6-29 曲轴箱强制通风阀位置

在发动机不工作时，PCV阀在弹簧作用下保持截止状态。在发动机工作时，进气管的真空度作用在PCV阀上。发动机怠速时，进气管内真空度很大，阀芯被吸压靠向阀座，因此曲轴箱中的窜气只能通过阀的缝隙或小孔通过，流量较小，保持怠速稳定。

发动机中等负荷时，进气管内真空度下降，阀芯在弹簧的作用下离开阀座，使通风量适当加大，保证曲轴箱内的气体及时抽出和新鲜冷空气的进入。发动机大负荷时，进气管内的真空度已很小，阀芯完全打开，通风量最大，曲轴箱内的新旧气体大量对流。

当发动机出现过早点火的故障，此时进气门还未关闭，气缸内炽热的气体会通过进气门流向进气管。此时，进气管内压力高于大气压力，PCV阀被进气管内气流推动向右而关闭，防止曲轴箱内的废气被点燃发生爆炸。

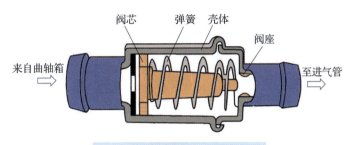

图6-30 曲轴箱强制通风阀原理

PCV阀控制通气量的大小，防止发动机怠速和小负荷工况时过多的气体未经计量进入气缸，造成空燃比失调。当PCV阀出现故障，会引起发动机怠速和小负荷工况抖动等故障。检查PCV阀时，可以将真空枪连接PCV阀接进气管端，按下真空枪，听PCV阀是否运动自如。在PCV阀接进气管端吹入气体，检查PCV阀应不导通，否则更换PCV阀。

（2）油气分离器的工作原理和检查　曲轴箱排放物经过油气分离器后，机油从混合气体中分离出来，回到油底壳，气体进入进气管。如图6-31所示，有的油气分离器设置在气门室盖内部，让油雾撞击在其迷宫板上，渐渐汇集成比较重的机油油滴。如图6-32所示，有的油气分离器安装在气门室盖外，便于清理和更换。油气分离器可能发生堵塞的情况，向其入口处吹入压缩空气，如果出口气体很小，说明油气分离器堵塞，需要清理或更换。

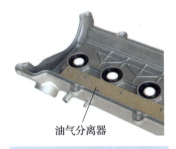

图6-31 气门室盖油气分离器　　图6-32 外置的油气分离器

2. 增压发动机曲轴箱通风装置的工作原理和检修

增压发动机曲轴箱通风装置和自然吸气式发动机曲轴箱通风装置结构不同。增压发动机在低速增压器不工作时，它的曲轴箱通风的路线与自然吸气发动机曲轴箱通风系统状态一样，进气真空区域位于节气门后方，曲轴箱废气由节气门后方进入燃烧室。当发动机工作在增压状态时,节气门后方变为高压区域,此时增压器的进气侧有真空度,曲轴箱废气进入增压器前的进气道。

大众 EA888 发动机的曲轴箱通风装置如图 6-33 所示,该装置包括集成于气缸体的粗油气分离器、粗油气分离器回油道的单向阀,安装在气缸盖罩上的机油细分离器模块,用于导出净化后废气的管道等。

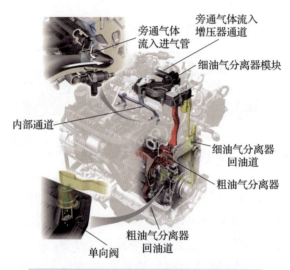

图 6-33　大众 EA888 发动机曲轴箱通风装置

（1）粗油气分离器的工作原理和检查　曲轴箱排气装置的粗粒机油分离器壳体完全集成安装在气缸体中,如图 6-34 所示。曲轴箱的油气通过粗粒机油分离器输送,在输送过程中会有几次方向的变化。如图 6-35 所示,大滴油通过粗粒机油分离器中的挡板分离,然后通过回流油道流回油底壳中。粗油气分离器的油气经过气缸体内和气缸盖内的通道被导入微细机油分离器中。粗油气分离器通常不会损坏,只需要对其进行清理。

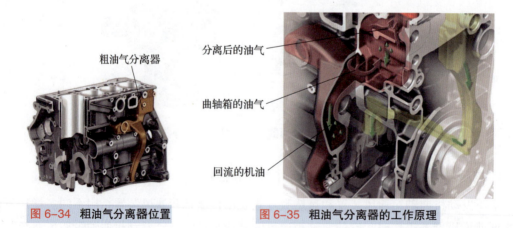

图 6-34　粗油气分离器位置　　图 6-35　粗油气分离器的工作原理

（2）细油气分离器模块的工作原理和检查　细油气分离器模块包括细油气分离器、旁通阀、压力调节阀、单向阀等，如图6-36所示。经过粗净化的气体由发动机缸体通道进入细油气分离器模块，在此处，气体会先经过一个旁通阀，再进入一个细分离器。当发动机转速非常高时，此处的气流可能过大，此时，旁通阀通过机械方式打开，以避免损坏密封件。当旁通阀关闭时，油气流入旋风式细分离器中，油气在气旋分离器内以高达16000r/min的速度旋转，从而可将最为精细的油滴分离掉。分离掉的油滴通过气缸体内的回流通道流回油底壳。

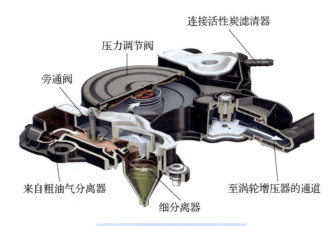

图 6-36　细油气分离器模块

在回流通道的末端是油底壳内的单向阀，这个单向阀可以防止在回流通道内真空度过大或横向加速度较强的情况下，油液通过回流通道被吸回机油分离器中。清洁的旁通气体从细分离器后方经过压力调节阀被输送出去。压力调节阀根据增压空气系统中主要的压力情况，清洁的旁通气体进入进气歧管或涡轮增压器中。

如图6-37所示，PCV阀位于机油细分离器模块上的涡轮增压器进气侧接口附近，它是以气孔为计量孔的单向阀。发动机低速采用自然吸气模式时，进气歧管内有真空度，所

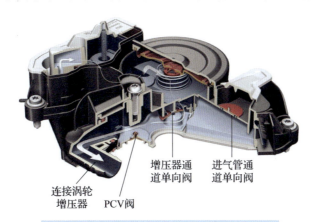

图 6-37　细油气分离器模块单向阀和PCV阀

以进气管通道上的单向阀打开，涡轮增压器上的单向阀关闭，油气进入进气管道后被送到燃烧室燃烧。新鲜空气由增压器进气侧前的旁通气道经过PCV阀引入曲轴箱，防止曲轴箱产生较大的真空度。

发动机高速采用涡轮增压器增压时，在整个增压空气管道上都产生了高压，此时进气管通道上的单向阀关闭，涡轮增压器上的单向阀打开，油气由涡轮增压器吸入进气管道，进入燃烧室燃烧。由于增压状态下经活塞环的漏气量较大，不需要向曲轴箱引入新鲜空气。

发动机处在低温运行时，从曲轴箱来的低温机油蒸气可能会在通风管路及节气门阀板和进气管内壁上凝结、沉积并固化，这可能导致通风系统出现堵塞现象，也会造成节气门阀板发生轻微粘连现象，为此有的汽车在曲轴箱通风管路上设置了加热器。如图6-38所示，加热装置对通过的机油蒸气进行加热，避免了机油蒸气的凝结，

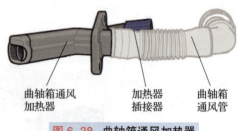

图6-38　曲轴箱通风加热器

也可防止通风装置在吸入很冷空气时窜气结冰，堵塞通风管路，延缓节气门脏污的过程。

细油气分离器模块容易损坏的元件包括旁通阀和压力调节阀，可以利用压缩空气来检查。当压缩空气吹入未净化油气的通道，观察旁通阀是否可以开启，如果不能开启，则需要更换该模块。在连接进气管通道或连接涡轮增压器的通道接上真空枪，观察压力调节阀是否可以正常动作，如果不能，则需要更换该模块。

检查PCV阀时，可以向PCV阀通往曲轴箱的通气口吹入小量气体，应能感到不通；用手动真空泵连接PCV阀通往曲轴箱的通气口，多次按下手动真空泵，可以在接增压器入口处感觉到吸力，否则更换PCV阀。旁通阀失效后油气不通过细油气分离器，拆开压力调节阀上盖，取下膜片，如果膜片下有较多的机油，则旁通阀可能损坏。

检查进气管道上的单向阀时，在接进气管口处吹起，应能感觉到吹不通；在该口处用手动真空泵吸，在活性炭罐接口处应能感受到吸力，否则说明该单向阀损坏。检查增压器管道上的单向阀时，将PCV阀通往曲轴箱的通气口堵住，在接增压器入口处吹气，应能感觉到吹不通；将手动真空泵接增压器入口处，多次按压手动真空泵，在接活性炭罐口处应该能感受到吸力，否则说明该单向阀损坏。

检查压力调节阀时，在活性炭罐接口连接手动真空泵，当手动真空泵吸动时，在细油气分离器模块油气入口处能感受到真空度；当真空压力达到-0.1bar时，在细油气分离器模块油气入口处应不能感受到真空度，否则说明压力调节阀损坏。

项目七
冷却系统的工作原理与检修

学习任务一　冷却系统的工作原理

一　冷却系统的功能

混合气在气缸中燃烧后产生大量热能，大量的热能不会转化成动能，一部分热能随废气排出，另一部分存在发动机机体上。发动机机体、零部件、润滑系统和燃料在正常温度（一般为80~90℃）时，才能发挥出最佳状态。冷却系统可以保持发动机正常的温度，冷却系统的作用如图7-1所示。

思政小课堂　党的二十大报告提出：必须坚持系统观念。万事万物是相互联系、相互依存的。只有用普遍联系的、全面系统的、发展变化的观点观察事物，才能把握事物发展规律。

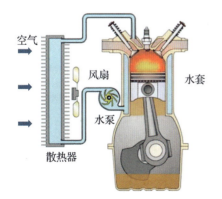

知识拓展　发动机冷却系统还能加热节气门体、空调暖水箱、冷却机油散热器、中冷器、变速器散热器等。当冷却系统出现故障后，对以上功能也有影响。

图7-1　冷却系统的作用

根据所用的冷却介质不同，发动机冷却方式可以分为风冷式和水冷式。水冷系统是把热量先传给冷却液，然后再散入大气而进行冷却的装置，目前汽车发动机上广泛采用的是水冷系统。

二 冷却系统的工作原理

如图 7-2 所示,发动机冷却液的循环路径受节温器的控制,并且随着发动机工作温度的变化而改变。当冷却液温度低于 84℃,发动机没有达到正常工作的温度,节温器主阀门关闭,副阀门开启,冷却液进行小循环。

如图 7-3 所示,当温度升高到约 84~95℃ 时,节温器主阀门都部分打开,冷却液进行混合循环。如图 7-4 所示,当发动机温度过高,到达 95℃ 时,节温器主阀门全打开,副阀门全关闭,冷却液进行大循环,即全部进入散热器散热。

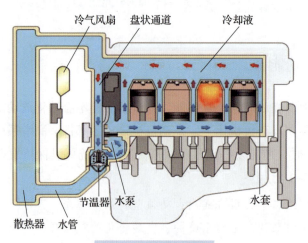

图 7-2 冷却液小循环

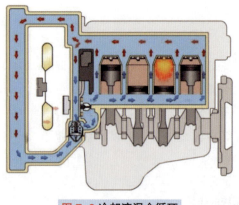

图 7-3 冷却液混合循环

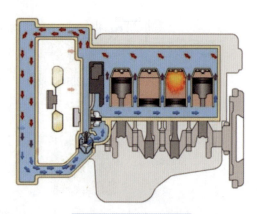

图 7-4 冷却液大循环

三 冷却液

冷却液除了作为冷却介质,还可以起到以下作用:防止寒冷季节停车时冷却液结冰而胀裂散热器,防止零部件生锈,抑制泡沫,减少水垢的形成,提高沸点等。冷却液一般呈蓝色、绿色或黄色,如图 7-5 所示,目前常用的冷却液主要是乙二醇型,它是由乙二醇、防腐蚀添加剂、抗泡沫添加剂和水组成,其凝固点较低,沸点较高,不易蒸发,属于长效型冷却液。

知识拓展 不能用自来水代替冷却液,自来水包含许多矿物质,这些矿物质会结成水垢沉积在金属表面,影响散热效果,甚至造成发动机超温。

图 7-5 冷却液

选用的冷却液冰点应比使用地区最低温度低 5℃ 以上,为此,需要对冷却液的冰点进行检查。

1)如图 7-6 所示,将冷却液冰点仪折光棱镜对准光亮方向,调节目镜视度环,直到标线清晰为止。

2)使用 1~2 滴纯净水滴于折光棱镜上,轻轻按压盖板得出一条明暗分界线。旋转校准螺栓使目镜视场中的明暗分界线与基准线重合。

3)擦净折光棱镜表面,取 1~2 滴冷却液滴于折光棱镜上,盖上盖板轻轻按压,读取明暗分界线的相对刻度,即冷却液的冰点,如图 7-7 所示。

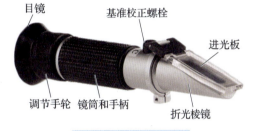

图 7-6 冷却液冰点仪

4)测量完毕后,用潮湿绒布擦干净附着物,待干燥后,妥善保存起来。

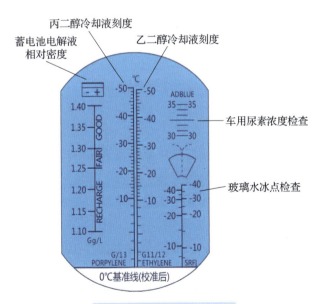

图 7-7 冷却液冰点仪读数

每种冷却液的成分不同,两种规格型号的冷却液如果混合使用会发生化学反应,造成发动机水道、水箱和水管、水泵等部件的腐蚀,除非在非常紧急的情况下,不可以混合使用不同规格的冷却液。

学习任务二 冷却系统的组成与检修

一、冷却系统的组成

如图 7-8 所示,发动机冷却系统主要由散热器、冷却风扇、节温器、水泵、水管、冷却液及气缸体和气缸盖中的水套等组成。

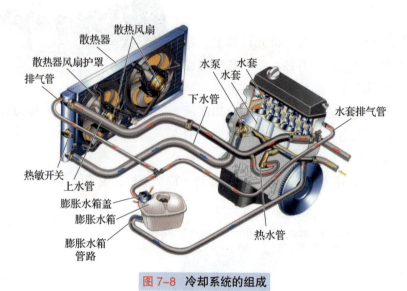

图 7-8 冷却系统的组成

1. 冷却液泵

冷却液泵也称为水泵,它将从散热器或从旁通道来的冷却液,压入缸体水套中,强制冷却液循环。如图 7-9 所示,冷却液泵由壳体、泵轴、叶轮、传动带轮、水封等组成。有的水泵用独立的 V 带驱动;有的车型水泵由正时带驱动,在更换正时带时,水泵也要求一并更换(或规定周期更换)。

有的发动机采用了电动冷却液泵,其安装位置如图 7-10 所示,电动冷却液泵起动条件如下:在发动机起动后不久;发动机转矩过大;进气管中增压空气温度超过 50℃;增压空气冷却器前后的温差低于 8℃;在发动机运行时,每 120s 运行 10s,以避免废气涡轮增压器出现热量积蓄现象;根据特性曲线不同,在关闭发动机后运行 0~480s,以避免废气涡轮增压器过热形成蒸汽泡。

图 7-9 冷却液泵　　　　图 7-10 电动冷却液泵

2. 散热器

散热器俗称水箱,一般都安装在汽车前方,它可以增大散热面积,加速冷却液的冷却。散热器包括上水室、散热器芯和下水室,如图 7-11 所示。如图 7-12 所示,散热器芯按结构可以分为管片式和管带式,它由水管和散热片多用铝材制成,铝制水管做成扁平形状,散热片做成波纹状,注重散热的性能。有的散热器底部有防水塞,方便排放冷却液。

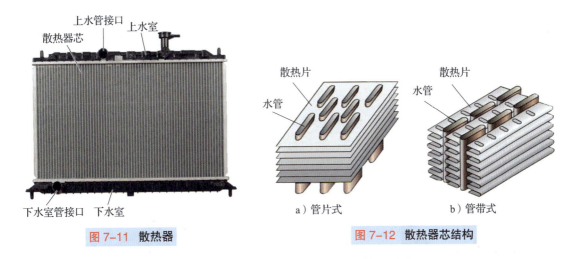

图 7-11 散热器　　　　图 7-12 散热器芯结构

3. 散热器开关

散热器开关俗称水箱盖,或水箱开关,它可以增加散热器压力,提高冷却液沸点。如图 7-13 所示,散热器开关具有压力阀和真空阀,可自动调节冷却系内部压力,提高冷却效果。在发动机热态正常时,压力阀和真空阀关闭,将冷却液与大气隔开。散热器压力大于 126~137kPa 时压力阀打开,冷却液从溢流管流出,防止水管胀破。当发动机熄火,散热器压力低于大气压力 10~20kPa 时,真空阀打开使膨胀水箱中的冷却液流回散热器内,或者使空气从通气孔进入冷却系统,以防散热器及芯管被大气压瘪。

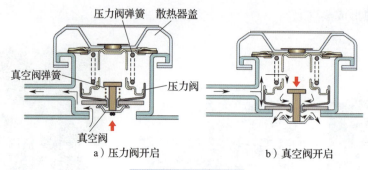

a）压力阀开启　　　　　　　　b）真空阀开启

图 7-13　散热器开关

4. 散热器风扇

风扇装在散热器后面，它将空气吸入，空气经过散热器，改善低速和怠速时的冷却效果。目前常用的风扇为电动风扇，通常由电动机、风扇、风扇架等组成。如图 7-14 所示，电动风扇的运转通常受冷却液温控开关的控制，例如，当冷却液温度高于设定的温度（如 92~97℃）时，温控开关接通风扇电动机的低速档，当冷却液温度升高至更高设定值时（如 99~105℃）时，温控开关接通风扇电动机的高速档，当冷却液温度降到设定的温度（如 84~91℃）时，温控开关切断电源，风扇停止工作。

5. 节温器

冷却系统通常利用节温器来控制通过散热器冷却液的流量。节温器装在冷却液循环的通路中，根据发动机负荷大小和冷却液温度的高低自动改变水的循环流动路线，以达到调节冷却系的冷却强度。

如图 7-15 所示，冷却系统一般采用蜡式节温器。低温时，蜡体积小，节温器关闭；高温时，蜡体积膨胀，克服弹簧压力，阀门打开。有的发动机采用控制更加准确的电子节温器，它是蜡式节温器上加装一个电子加热器，以达到提前开启节温器的目的。

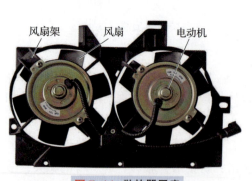

图 7-14　散热器风扇

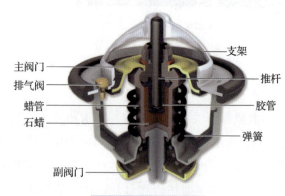

图 7-15　蜡式节温器

6.膨胀水箱

膨胀水箱可以吸收和补偿发动机冷却系统工作时的冷却液。如图 7-16 所示，膨胀水箱上有上限标线（max）和下限标线（min），添加或检查冷却液位时，冷却液应位于两个标线之间。注意：不能混用不同品牌的冷却液！

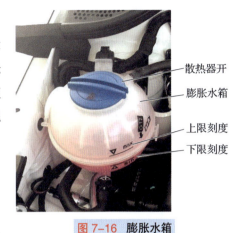

图 7-16 膨胀水箱

二 冷却系统的拆装注意事项

1）为避免被烫伤，在发动机未冷却前，不得拆下散热器盖，否则冷却系统会在压力作用下释放出滚烫的液体和蒸汽。

2）准备好冷却系统压力测漏仪和实训车型散热器盖和冷却系统的适配器，参考图 7-17 所示。

3）拆卸软管前，检查水管卡夹（图 7-18）的位置，以便能够将其重新安装在同一位置。

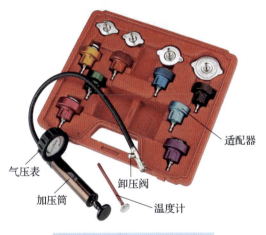

图 7-17 冷却系统压力测漏仪

图 7-18 水管卡夹

三 冷却系统的检修

1.直观检查

1）直观检查软管是否有老化、开裂、凸起等现象，如果有，应更换。起动发动机，暖机后检查管路连接是否可靠；检查卡箍安装是否有松动。

2）检查软管应无吸瘪的现象，否则说明散热器开关真空阀可能损坏。

3）检查冷却液液位应处于上限和下限之间，如果低于下限，应检查有无明显渗漏处。

4）检查散热器有无破损、损坏、堵塞等现象。

5）冷却液泵就车检查时，应无漏水现象。将冷却液泵拆下后，检查泵体平面、叶轮等应无锈蚀，转动水泵轴，检查轴承应不松旷，无发卡等现象，如图7-19所示。

图 7-19　冷却液泵的检查

2. 散热器开关的检修

1）如图7-20所示，散热器开关上面有安全警示，其提示需要待冷却系统基本冷却，才能拆下散热器开关，并清洁散热器开关密封处。

图 7-20　散热器开关压力值和密封圈

拆卸散热器开关时，发动机必须熄火，用湿抹布包住散热器开关，先旋松散热器盖45°，进行泄压再缓慢旋下。

2）选择合适的适配器将散热器开关连接测漏仪。

3）如图7-21所示，加压100kPa左右，观察压力表至少10s内无下降，否则说明散热器盖存在泄漏。

4）加压到140kPa，观察压力表迅速下降，否则说明散热器盖压力阀不正常。

5）按下卸压阀进行卸压，将压力检漏仪加压几次，以便排出残留之水，然后收回。

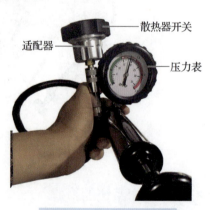

图 7-21　检查散热器开关

3. 冷却系统泄漏的检修

1）待冷却系统基本冷却，才能拆下散热器开关，并清洁散热器开关密封处。

2）将合适的适配器连接到冷却系统膨胀水箱上。

3）如图 7-22 所示，加压到适合的值，其值通常需要大于 100kPa（约为 1bar）而应小于 140kPa，压力表应该能保持 2min 以上，否则说明冷却系统存在泄漏。

4）按下卸压阀进行卸压，将压力检漏仪加压几次，以便排出残留之水，然后收回。

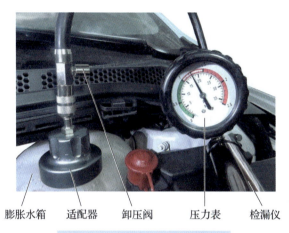

图 7-22　检查冷却系统是否泄漏

4. 节温器的检修

准备好节温器和透明电热壶，电热壶若无温度显示，还需准备温度计或可以测量温度的万用表，如图 7-23 所示。

1）当水温低于 80℃ 时，主阀门关闭，副阀门开启。

2）当水温高于 80℃ 低于 90℃ 时，主阀门渐渐打开，副阀门渐渐关闭。

3）当水温高于 90℃ 时，主阀门完全打开，副阀门完全关闭。

图 7-23　检查节温器

5. 散热风扇及控制电路的检修

丰田卡罗拉 1ZR 发动机风扇电路如图 7-24 所示，当风扇不运转时，可以按如下步骤检查。

1）断开 ECU 插接器，将点火开关置于 ON 位置，风扇应该工作，如果风扇运转，说明 ECU 存在故障，需要更换 ECU，如果风扇不运转需要进行下一步检查。

2）检查 ECU 和冷却风扇 ECU 之间的线束和插接器，测量其阻值应小于 1Ω。

3）将风扇插接器端子 2、1 分别连接蓄电池正极、负极，风扇应工作。

4）将点火开关置于 ON 位置，测量 +B1 和 E1 之间的电压应为 12V 左右，若电压正常，则更换冷却风扇 ECU；当 +B1 和 E1 之间的电压不正常，依次检查相关继电器、熔断器、插接器、线束及搭铁。

> **技师引导**　如果风扇熔断器熔断，更换后又立即熔断，则检查相应电路中的导线是否对地短路。如果发动机控制模块一接通冷却风扇，熔丝就熔断，则可能是冷却风扇电机有故障。

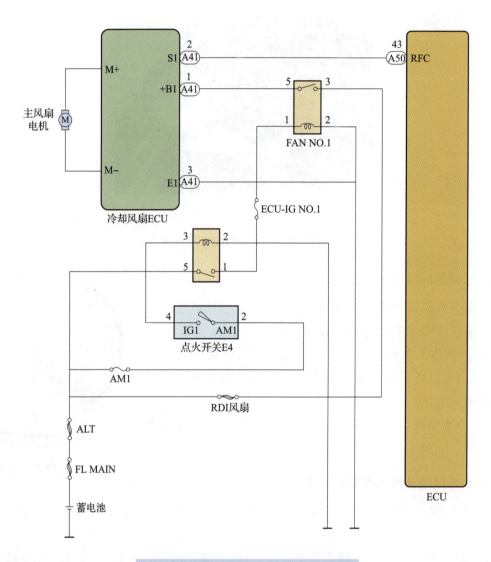

图 7-24　丰田 1ZR 发动机风扇电路的检修

参 考 文 献

[1] 谢伟钢. 彩色图解汽车构造与原理[M]. 北京：机械工业出版社，2017.
[2] 陈新亚. 汽车为什么会"跑"[M]. 北京：机械工业出版社，2015.
[3] 汪立亮，章宏. 汽车机修工快速上岗全程图解[M]. 北京：机械工业出版社，2014.
[4] 武忠，梁秀梅，张国琛. 汽车发动机电控系统检修[M]. 北京：机械工业出版社，2021.
[5] 陈新亚. 汽车为什么会跑：底盘图解[M]. 北京：机械工业出版社，2015.
[6] 李昌风. 汽车维修全程图解[M]. 北京：机械工业出版社，2016.
[7] 周晓飞. 汽车电工入门：全程图解[M]. 北京：化学工业出版社，2014.
[8] 陈新亚. 汽车构造透视图典：车身与底盘[M]. 北京：机械工业出版社，2012.
[9] 陈家瑞. 汽车构造[M]. 3版. 北京：机械工业出版社，2013.
[10] 刘汉涛. 汽车为什么会"动"：图解底盘构造与原理[M]. 北京：机械工业出版社，2014.
[11] 姚科业. 图解汽车传感器识别. 检测. 拆装. 维修[M]. 北京：化学工业出版社，2013.
[12] 张金柱. 图解汽车原理与构造（彩色版）[M]. 北京：化学工业出版社，2016.
[13] 刘汉涛. 陪你识车每一天[M]. 北京：电子工业出版社，2016.
[14] 谭本忠. 汽车维修入门全程图解[M]. 北京：化学工业出版社，2015.
[15] 张金柱. 图解英汉汽车实用词典[M]. 北京：化学工业出版社，2014.
[16] 谢伟钢，韩鑫. 汽车发动机构造与检修[M]. 北京：机械工业出版社，2019.

汽车发动机构造原理与检修

实训工单

班　级：_____

姓　名：_____

机械工业出版社

目 录 CONTENTS

001 | 项目一 汽车与汽车维修的认知
学习任务一 汽车的认知 / 001
学习任务二 发动机基本结构的认知 / 003
学习任务三 汽车维修的认知 / 005

009 | 项目二 曲柄连杆机构的结构与检修
学习任务一 机体组的结构与检修 / 009
学习任务二 活塞连杆组的结构与检修 / 013
学习任务三 曲轴飞轮组的结构与检修 / 016

019 | 项目三 配气机构的结构与检修
学习任务一 气门传动组的结构与检修 / 019
学习任务二 气门组的结构与检修 / 023
学习任务三 配气相位和可变气门正时的原理和检修 / 025

027 | 项目四 燃料供给系统的工作原理与检修
学习任务一 空气供给系统的结构与维修 / 027
学习任务二 燃油供给系统的工作原理与检修 / 028
学习任务三 电控系统的工作原理与检修 / 029
学习任务四 废气涡轮增压系统的工作原理与检修 / 033
学习任务五 缸内喷射电控系统的工作原理与检修 / 035

037 | 项目五 点火系统的工作原理与维修
学习任务一 点火系统的认知 / 037
学习任务二 点火系统的结构与检修 / 037

040 | 项目六 润滑系统的工作原理与检修
学习任务一 润滑系统的工作原理 / 040
学习任务二 润滑系统的结构与检修 / 041

044 | 项目七 冷却系统的工作原理与检修
学习任务一 冷却系统的工作原理 / 044
学习任务二 冷却系统的结构维修 / 045

项目一　汽车与汽车维修的认知

学习任务一　汽车的认知

学生姓名		班级		成绩	
实训场地		学号		日期	

一　实训内容及要求

给自己"做"一台满意的车，从中辨别汽车所属的类型，说出国产汽车型号的含义，说出汽车的基本组成。

二　实训器材及资料

最新关于汽车分类的国家标准等资料。

三　实训步骤

1. 给您自己"做"台个性化轿车吧，把大致轮廓参考下图绘制出来。

（1）您的汽车属于（　　　　）（乘用车或商用车）中（　　　　）汽车（例如多用途货车）。

（2）请您参考书中普通乘用车的描述，对您的汽车车身、车门及车顶做大致的描述。

车身（　　　　　　　　　　　　　　　　　　　　　　　）；

车门（　　　　　　　　　　　　　　　　　　　　　　　）；

车顶（　　　　　　　　　　　　　　　　　　　　　　　）。

（3）您的汽车轴距是_____mm，发动机排量是_____L，属于_____车，根据国产汽车型号编号规定，给自己的爱车定一个型号编码为_____。

（4）您的个性化轿车，发动机有_____个气缸，底盘采用_____（自动或手动变速器），电气设备带_____个蓄电池，采用_____车身（承载式或非承载式）。

（5）您还可以给自己的爱车，设计一个独特的车标。

2.认识发动机，参照发动机连杆的标注，再标注5个你认识的部件。

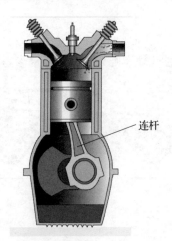

连杆

3.汽车底盘由（　　　）系统、（　　　）系统、（　　　）系统和（　　　）系统四部分组成。驾驶室的转向盘属于底盘的（　　　　），驾驶室的变速杆属于底盘的（　　　　）系统。

4.下面的简易电路中,(　　　　　)属于电源,(　　　　　　)属于用电设备,(　　　　)属于配电装置。(蓄电池、熔断器、灯泡)

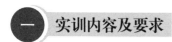

5.轿车型号"红旗CA7240L",0表示第一代车型,L表示加长,7表示(　　　　),24表示(　　　　)。

学习任务二　发动机基本结构的认知

一　实训内容及要求

观察发动机,熟悉发动机的作用及组成;摇转发动机,观察"对应缸"的特点。观察发动机的结构,每个机构及系统至少认识3个元件;摇转发动机,对发动机的基本原理中每个行程发动机运转情况进行熟悉。

二　实训器材及资料

发动机拆卸台架、油盆、套筒等。

三　实训步骤

(一)认识发动机

1.观察实训用的发动机前端带轮带动＿＿＿＿,＿＿＿＿,＿＿＿＿等运转。

2.观察发动机产生真空也可以用于控制真空阀,观察实训用的发动机有＿＿＿＿条真空软管。

3.观察实训用的发动机是采用＿＿＿＿(燃料类型),＿＿＿＿(喷油方式),＿＿＿＿(气缸排列方式),该发动机共有＿＿＿＿个气缸。

4.下雨天,某车被水淹了,该直列四缸发动机1缸连杆弯曲了,此时1缸的上止点比4缸的上止点＿＿＿＿(高/低),其下止点比4缸的下止点＿＿＿＿(高/低),1缸的活塞行程与4缸的活塞行程＿＿＿＿(相同/不相同)。

5. 上题中发动机1缸的燃烧室容积比4缸的燃烧室容积_____（大/小），1缸的气缸工作容积与4缸的工作容积_____（不相同/相同），1缸的压缩比比4缸的压缩比_____（大/小）。

6. 断开实训发动机的电源，拆下发动机所有的火花塞，将特制的木条插入各火花塞孔，采用套筒和扭力扳手等合适的工具摇转发动机，根据每个气缸中木条高度的变化，判断_____缸和_____缸是"对应缸"，_____缸和_____缸是"对应缸"。根据下图曲轴和对应缸特征，大概画出实训用发动机曲轴的轮廓。

发动机曲轴

7. 发动机除了提供真空给制动助力的作用，发动机还可以辅助制动，根据教师的讲解或查找资料，写出发动机制动作用如何使用。

（二）熟悉发动机的基本原理

1. 断开实训发动机的电源，拆下除了1缸火花塞外所有的火花塞，拆卸气门室盖，将特制的木条插入1缸火花塞孔，摇转发动机，根据凸轮轴凸轮转动情况及气门运动情况进行以下判断。

（1）面对发动机，应该_____（顺时针/逆时针）摇转发动机来观察。

（2）摇转发动机时，阻力最大的是_____行程，在阻力最大时观察曲轴带轮上、凸轮轴带轮的正时记号，发动机正时记号共有_____处。

（3）在发动机阻力最大时，继续摇转发动机，大约摇转发动机_____度，排气门开始打开，说明此时1缸处于_____行程。

2. 参考下图，将发动机依次摇转至压缩行程上止点即压缩行程结束时，做功行程下止点即做功行程结束时，排气行程上止点即排气行程结束时，进气行程下止点即进气行程结束时，观察气门的状态。

（1）压缩行程上止点时，进气门凸轮基圆_____（离开/接触）进气门挺柱，此时进气门处于_____（关闭/打开），排气门凸轮基圆_____（离开/接触）排气挺柱，此时排气门处于_____（关闭/打开）。

（2）做功行程下止点时，进气门凸轮基圆_____（离开/接触）进气门挺柱，此时进气门处于_____（关闭/打开），排气门凸轮基圆_____（离开/接触）排气门挺柱，此时排气门处于_____（关闭/打开）。

（3）排气行程上止点时，进气门凸轮基圆_____（离开/接触）进气门挺柱，此时进气门处于_____（关闭/打开），排气门凸轮基圆_____（离开/接触）排气门挺柱，此时排气门处于_____（关闭/打开）。

（4）进气行程下止点时，进气门凸轮基圆_____（离开/接触）进气门挺柱，此时进气门处于_____（关闭/打开），排气门凸轮基圆_____（离开/接触）排气门挺柱，此时排气门处于_____（关闭/打开）。

发动机原理图

（三）熟悉发动机的组成

1.熟悉发动机的组成。写出发动机两大机构中5个零部件名称。

_____机构：_____、_____、_____、_____、_____、飞轮。

_____机构：_____、_____、_____、_____、_____、气门。

2.熟悉发动机的组成。写出发动机五大系统中3个零部件名称。

_____系统：_____、_____、起动开关。
_____系统：_____、_____、油底壳。
_____系统：_____、_____、散热风扇。
_____系统：_____、_____、点火控制模块。
_____系统：_____、_____、燃油箱。

学习任务三　汽车维修的认知

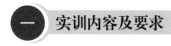
一　实训内容及要求

会使用万用表检查熔丝和继电器；通过练习发动机油底壳的拆装，掌握拆装的注意事项；通过测量气门直径掌握量具使用方法。

二 实训器材及资料

发动机运行台架或实训车辆、万用表、熔丝、继电器等；发动机拆卸台架、油盆、一套套筒、常用扳手、螺栓盒等；气门、游标卡尺、千分尺等。

三 实训步骤

（一）万用表的使用

1.万用表使用前认知：

（1）实训用的万用表最小的电阻量程是_____Ω，测量电压常用_____档位的_____V量程。

（2）从万用表上取下两测量表笔，需测量电压和电阻时，红色表笔接_____（填写万用表上插孔代号或从左到右序号，下同），黑色表笔连接_____。需测量燃油泵电路电流时，红色表笔接_____，黑色表笔连接_____（燃油泵电阻约为1Ω，蓄电池电压约为12V）。

2.练习使用万用表检查熔丝。

（1）校正万用表。将万用表置于_____档位的_____量程，此时测得万用表内阻为_____Ω，属于_____（正常或异常）。

（2）点火开关的档位如图所示，将点火开关置于_____（OFF、ACC、ON、ST）档位，观察此时仪表背景灯点亮，发动机不起动。

（3）在教师的要求下，检查_____号熔丝，该熔丝为_____色，额定电流为_____A。检测该熔丝时，万用表选择_____挡位的_____量程，一端检测点电压为_____V，另一端检测点电压为_____V，属于_____（正常或异常）。

（4）假设上述检测为异常情况，将点火开关置于_____（OFF、ACC、ON、ST）档位，拔下熔丝，目测熔丝是否熔断，若观察不清楚，使用万用表_____档位的_____量程，检查熔丝电阻，电阻为_____Ω，属于_____（正常或异常）。

（5）在教师的指导下，检查熔丝座接触片_____（有/无）锈蚀，接触片_____（有/无）松动。

3.练习使用万用表检查继电器。

（1）观察用于检测的继电器，该继电器_____个接脚，观察接脚的标号，使用万用表_____档位的_____量程，检查继电器开关部分电阻为_____Ω，判断该继电器属于_____（常开/常闭）继电器，将继电器的接脚标号补全在下图继电器原理图中。

（2）使用万用表_____档位的_____量程，检查继电器线圈部分，线圈部分电阻为_____Ω。

（3）将继电器线圈部分_____接脚连接蓄电池负极，_____接脚连接蓄电池正极，此时继电器_____（有/无）振动，使用万用表_____档位的_____量程，测量继电器开关部分的电阻为_____Ω，属于_____（正常或异常）。

（4）在教师的指导下，检查继电器座接触片_____（有/无）锈蚀，接触片_____（有/无）松动。

（二）发动机油底壳的拆装

1.检查油底壳四周和底面是否存在泄漏。

机油滤清座处_____（有或无，下同）漏油痕迹，放油螺栓处_____，油底壳边缘_____，曲轴前油封处_____。

2.将油盆放置在实训发动机下面，把机油放干。

3.熟悉工具的摆放位置，以便将工具及时归位。

4.拆卸前后都随时注意固定螺栓或螺母大小及长短，将其整齐地摆放，固定螺栓共有_____个，固定螺母共有_____个，其大小_____（相同或不相同），长度_____（相同或不相同）。

5.使用橡胶锤轻轻敲击油底壳，拆下油底壳。

6.使用铲刀或垫片刮刀清除垫片面和密封槽中所有旧密封材料。

7.按相反顺序进行安装。注意，油底壳固定螺栓或螺母拧紧力矩一般较小，拧紧力矩过大容易造成元件损坏。参考标准：约4.9N·m，具体详见维修手册。

8.整理工具及清洁场地。

(三)测量气门

1. 清洁气门,观察气门是否有明显的磨损。

气门杆部_____(有/无)损坏,气门锥面_____(有/无)损坏。

2. 清洁游标卡尺,初步检查游标卡尺_____(是/否)正常,使用的游标卡尺量程是_____,其精度是_____。

3. 对游标卡尺进行校零,游标卡尺的误差为_____。

4. 使用游标卡尺测量气门长度尺身上的读数为_____,游标上的读数为_____,气门长度值为_____;第二次测量气门长度尺身上的读数为_____,游标上的读数为_____,气门长度值为_____;两次测量平均值为_____。

5. 对比维修手册,气门长度_____(是/不)正常。

6. 清洁游标卡尺,将游标卡尺放置在游标卡尺盒内。

7. 清洁千分尺,目测千分尺_____(是/不)正常,选择千分尺的量程应为_____,其精度为_____。

8. 对千分尺进行校准,千分尺的精度为_____。

9. 使用千分尺对气门杆部的直径进行测量,固定套筒上的值是_____,微分筒上的值是_____,气门杆部的直径测量值为_____,第二次气门杆部的直径测量值是_____。

10. 对比维修手册,气门杆部直径_____(是/不)正常。

11. 清洁千分尺,将千分尺放置在千分尺盒内。

项目二　曲柄连杆机构的结构与检修

学习任务一　机体组的结构与检修

一　实训内容及要求

熟悉机体组的组成及拆装方法；掌握气缸盖及气缸体的平面度的检查；掌握气缸的磨损程度的检查。可以在完成配气机构的教学后，再完成此项目的练习。

二　实训器材及资料

发动机拆卸台架、一盒套筒、扭力扳手、气动风枪、护目镜、刀口尺、塞尺、量缸表等及实训发动机的维修手册。

三　实训步骤

（一）气缸盖的拆装

1.熟悉气门室盖的结构与拆装。注意拆装过程中，将拆下的零件摆放整齐。

（1）学会拆装机油盖，在教师的指导下，掌握拧紧机油盖的力矩，观察机油盖周围_____（有/无）漏油痕迹。

（2）观察实训用的发动机，气门室盖上使用_____颗螺栓或螺母固定，这些固定螺栓或螺母位置是_____（对称/不对称）的，大小是_____（相同/不相同）的，长短是_____（相同/不相同）的。

（3）观察气门室盖四周_____（是/无）漏油痕迹。

（4）检查气缸盖上用于固定气门室盖的螺孔，检查每个螺孔的螺牙_____（正常/不正常）。

注意：拆装时不能硬敲或硬翘，拆下的气缸盖等零部件的密封结合面不能直接朝下放置在较硬的金属桌面上，防止零件结合面被擦伤。

2.拆下进气管总成。

拆下进气管总成，进气管总成固定螺栓有_____个，固定螺母有_____个，如有双头螺柱，检查其_____（有/无）松动；目测进气管与气缸盖结合面_____（有/无）损坏，目测气缸盖与进气管结合面_____（有/无）损坏。

为防止变形，拆卸时应从_____（两边/中间）到_____（两边/中间）；安装进气管螺栓上紧力矩时，应该从_____（两边/中间）到_____（两边/中间）。如果遇到双头螺栓松动，可以安装两个固定螺母在其外端，再将其拧紧或拧松，参考下图。

3.拆下排气管总成。

拆下排气管总成，排气管总成固定螺栓有_____个，固定螺母有_____个，如有双头螺柱，检查其_____（有/无）松动；目测排气管与气缸盖结合面_____（有/无）损坏，目测气缸盖与排气管结合面_____（有/无）损坏。

为防止变形，拆卸时应从_____（两边/中间）到_____（两边/中间）；安装排气管螺栓上紧力矩时，应该从_____（两边/中间）到_____（两边/中间）。

注意：排气管固定螺栓受高温影响，拆装时容易损坏，可以在拆装前喷上除锈剂。

4.拆下气缸盖总成。

查找维修手册，按维修手册提示顺序拆卸固定螺栓。固定螺栓要分_____次拧松，一共有_____个固定螺栓，固定螺栓长度是_____（相同/不相同）的。

使用游标卡尺检查固定螺栓长度，发现其_____（正常/被拉伸）。测量数据如下：_____。

5.检查气缸垫。

观察气缸垫，它的正反面_____（相同/不相同），_____朝上。辨别气缸垫上每个孔的作用，螺栓孔共有_____个，机油进油孔有_____个，机油回油道有_____个，水道有_____个，曲轴箱废气通孔有_____个。

6.按相反顺序进行安装。

（二）机体组变形的检查

1.机体组元件需要检查平面度的包括_____、_____、_____、_____等。

2.检查机体组元件平面度需要的量具包括_____和_____。

3.检查气缸盖的平面度，根据下图提示，需要测量_____次，测量数据分别是_____、_____、_____、_____、_____、_____，属于_____（正常/异常）。

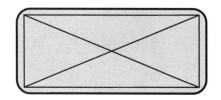

4.测量另外需要测量平面。

（三）气缸磨损程度的检查

1.百分表主要由_____、_____、_____、_____等组成。

2.将百分表安装在支架（表杆）上端处，让百分表上的测量杆和支架内的传动杆接触，此时百分表小表盘的读数是_____。注意安装时，安装孔槽口和卡箍槽口要错开，锁紧手柄安装时不要挡住观察百分表表盘。

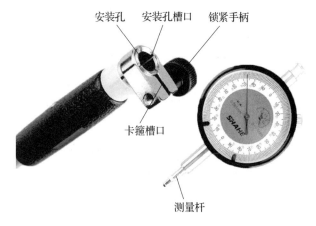

3.使用游标卡尺测量气缸的直径，或查找维修资料气缸的标准直径是_____。

4.如下图，量缸表具有不同长短的接杆，按被测气缸的标准尺寸，选择合适的接杆，接杆测量范围是_____，装上接杆后，暂时不拧紧固定螺母。

5.将外径千分尺固定在千分尺底座或小台虎钳上（如下图），把外径千分尺调到被测气缸的标准尺寸，将装好的量缸表放入千分尺。

6.稍微旋动接杆,使量缸表指针转动2mm(2圈)左右,即有_____的压缩余量,轻轻拧紧接杆固定螺塞,此时百分表小指针读数为_____。

7.旋转百分表的表盘,使指针对准_____。

8.清洁气缸,_____(能/不能)用手感觉上止点位置的磨损凸肩时,第一道活塞环对应的位置。

9.将量缸表的测量杆伸入到气缸上部,测量第一道活塞环在上止点位置时所对应的气缸壁,分别测量和记录平行、垂直活塞销方向的两个数据,分别是_____、_____,根据维修经验,此位置的圆度即该气缸的圆度,其圆度大小为_____,属于_____(正常/不正常)。

10.将量缸表倾斜后下移,测量气缸中部和下部的尺寸。气缸中部为上、下止点间的中间位置,其测量记录为_____、_____;气缸下部为下止点时油环所对应的位置,该位置通常距离气缸下边缘10mm左右处,其测量记录为_____、_____。

11.计算该气缸的圆柱度为_____、测量其他缸的圆柱度,以所有气缸测量数据中_____(最大值/最小值)为测量标准。

12.将测量的数值填写在下表。

	第一缸	第二缸	第三缸	第四缸
气缸基准值				
内径百分表测量杆标准长度				
A位置纵向				
A位置横向				
B位置纵向				
B位置横向				
C位置纵向				
C位置横向				
气缸圆度				
气缸圆柱度				
气缸最大直径				

学习任务二　活塞连杆组的结构与检修

一　实训内容及要求

熟悉活塞连杆组的组成及拆装方法；会检测活塞与气缸的配合间隙；会检查活塞环的配合间隙；会检查连杆的损坏情况。

二　实训器材及资料

发动机拆卸台架、活塞环卡箍、活塞环拆装钳、一盒套筒、扭力扳手、橡胶锤等；游标卡尺、千分尺、塞尺、内径百分表、连杆测量校正仪等；实训发动机的维修手册。

三　实训步骤

（一）活塞连杆组的拆装

1.拆下气缸盖，拆下油底壳，或准备拆下了气缸盖和油底壳的气缸体。

2.为确保组装正确，拆卸前检查连杆和盖的配合标记及序号，活塞的朝前记号及序号，并将相关标记用文字或图片简略地记录在下面，然后拆下连杆盖螺母。

3.使用_____，轻轻敲击连杆螺栓，取下连杆盖。提示：将下轴承装入连杆盖内。

4.用一段短软管套在连杆螺栓上，防止损伤曲轴。

5.将活塞连杆组件推出并摆放整齐，按同样方法，拆下所有气缸的活塞连杆组，摆放时要按正确的顺序，把连杆轴承、连杆活塞组件和_____放在一起。观察连杆上、下轴承，它们的区别是：_____。

如下图所示，用游标卡尺测量连杆螺栓受力部分的直径，对比标准值，如果直径小于最小值，则更换连杆螺栓。

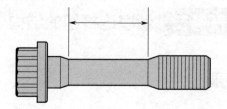

6.使用活塞环钳（扩张器），拆下所有的气环，用手拆下油环，按正确的顺序摆放活塞环。注意：观察两道气环的区别，气环安装时需要注意方向，将观察内容用文字或图片简略地记录在下面。

7.清洁活塞顶部、环槽等部分，注意不要刮伤活塞。清洁气缸、连杆轴颈等部位。

8.准备进行安装，通过维修资料查找连杆螺栓的拧紧力矩，拧紧时需要分几次交替拧紧螺母，参考力矩为29 N·m。

9.按拆卸相反顺序进行安装，安装连杆轴承时，轴承凸起要对准连杆或连杆盖的凹槽。在需要润滑的部分，涂抹上机油。注意活塞环开口方向，用文字或图片简略地记录在下面。使用活塞环收紧器，按正确的位置把活塞和连杆总成推入各自的气缸，活塞的前标记朝前。

（二）检查活塞与气缸的配合间隙

1. 测量气缸的直径，将测量值对比维修手册标准值，如果缸径超过最大值，重新镗削所有4个气缸。如果必要，更换气缸体。记录气缸直径，上部横向_____，上部纵向_____，中部横向_____，中部纵向_____，下部横向_____，下部纵向_____。

2. 以上测量的最大值 a 为_____，通过维修手册查找出气缸直径标准范围为_____，气缸_____（需要/不需要）维修或更换。

3. 使用千分尺，在与活塞销孔轴线垂直的方向测量活塞直径，测量的具体位置查找维修手册，例如，丰田5A发动机，测量位置在距离活塞顶28.5mm处，丰田1ZR发动机，测量位置在距活塞底部12.6mm处。

4. 查找手册，标准活塞直径范围是_____。

5. 分别用气缸缸径最大测量值和最小测量值减去活塞直径测量值，其间隙范围为_____，如果间隙大于最大值，则更换所有活塞。如有必要，更换气缸体。参考：丰田5A发动机，其标准间隙：0.075~0.095mm，最大间隙0.115mm。丰田1ZR发动机标准油膜间隙：0.029~0.052mm，最大间隙0.09mm。

（三）检查活塞环的配合间隙

1. 活塞环背隙的检查。

用_____测量活塞环槽深度，其值为_____，用_____测量活塞径向厚度，其值为_____。

2. 活塞环侧隙的检查。

清洁活塞环槽和活塞，将活塞环放入活塞环槽，用_____测量其间隙为_____，查找标准值，测量值属于_____（正常/不正常）。

3. 活塞环端隙的检查。

检查活塞环端隙，把活塞环放入气缸，使用活塞顶推入活塞环到气缸中部，使用_____测量活塞环端口的间隙，查找标准值，其值属于_____（正常/不正常）。

（四）检查连杆的损坏情况

1. 直观检查连杆是否存在弯曲、扭曲，安装连杆的承孔是否存在磨损，如果存在明显的损坏，建议更换。

2. 使用内径百分表，测量连杆的圆度及圆柱度。

3. 使用连杆校正器和塞尺，检查连杆变形，其弯曲度为_____。

4. 使用连杆校正器和塞尺，检查连杆变形，其扭曲度为_____。

5. 查找维修手册，测量的弯曲度和扭曲度_____（在标准范围内/超过最大值）。

学习任务三　曲轴飞轮组的结构与检修

一　实训内容及要求

熟悉曲轴飞轮组的组成及拆装方法；会检测连杆与曲轴连杆轴颈配合间隙；会检测曲轴的径向间隙和轴向间隙；会检测曲轴的弯曲量及轴颈的磨损情况。

二　实训器材及资料

发动机拆卸台架、百分表支架、曲轴支撑V形架、一盒套筒、扭力扳手、橡胶锤等；千分尺等；实训发动机的维修手册。

三　实训步骤

（一）检测连杆与曲轴连杆轴颈配合间隙

1. 检查连杆止推间隙。

（1）检查连杆止推间隙，安装百分表支架，让百分表测量杆抵住_____。

（2）此时需要将百分表预压一定的行程，此时小表盘读数为_____。

（3）使用百分表，前后移动连杆测量止推间隙，在此过程中，百分表的读数分别是_____和_____，计算其间隙为_____。

（4）查找维修手册，例如丰田5A发动机标准止推间隙为0.15~0.25mm，最大止推间隙为0.30mm，如果止推间隙超过最大值，更换连杆总成。

2. 检测连杆与曲轴配合间隙。

参考曲轴的径向间隙检测，检测连杆与曲轴配合间隙。测量的间隙为_____，对比标准值_____，属于_____（正常/不正常）。

（二）曲轴飞轮组的拆装

此项目可以和活塞连杆组的拆装一起完成，也可以准备带有曲轴的气缸体总成。

1. 按从_____到_____的顺序，依次拆下_____个主轴承盖螺栓。

2. 用2个已拆下的主轴承盖螺栓拆下_____个主轴承盖和5个下轴承。

如下图所示，将2个主轴承螺栓轻轻地向上拉并向气缸体的前、后侧施加力，将轴承盖拉出。小心不要损坏轴承盖和气缸体的接触面。

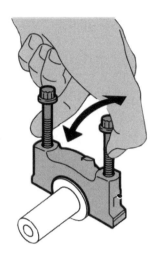

3. 将下轴承和主轴承盖作为一个组件保存，摆放时需要按正确的顺序。

4. 提出曲轴，拆下推力轴承，分别从气缸体上_____和轴承盖上，拆下所有的主轴承，按顺序将主轴承摆放好。

5. 安装曲轴轴承。

清洁曲轴上轴承及上轴承座孔，将带机油槽的上轴承安装到气缸体上，注意不要在轴承和接触表面上涂抹发动机机油。用刻度尺测量气缸体边缘和上轴承边缘间的距离。1ZR 发动机参考标准为 0.5~1.0mm。

6. 安装下轴承。将下轴承安装到轴承盖上。用游标卡尺进行检测，并对比维修手册提供的标准。

7. 使机油槽向_____（内/外），安装曲轴上止推垫圈，注意在曲轴止推垫圈上涂抹发动机机油。

8. 安装曲轴，安装前在曲轴上轴承、下轴承、轴承盖螺栓等处涂抹机油。

9. 安装轴承盖，用_____（橡胶锤/铁锤）轻轻敲击轴承盖以确保正确安装，按照从_____（中间/两端）到_____（中间/两端）的顺序，将 10 个轴承盖螺栓拧紧到规定力矩（1ZR 发动机参考 40N·m），用油漆在轴承盖螺栓前端做标记，将轴承盖螺栓再紧固 90°，如下图所示。

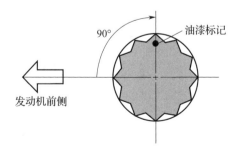

10. 检查并确认曲轴转动顺畅。

（三）检测曲轴的径向间隙和轴向间隙

1. 测量曲轴的径向间隙。
（1）拆卸曲轴轴承盖。
（2）在曲轴各个主轴颈上放置塑料间隙规。
（3）通过维修手册查找轴承盖拧紧螺栓的上紧力矩，力矩为_____。
（4）不转动曲轴，拆下轴承盖。测量压扁后间隙规最宽处，其值为_____。
（5）对比标准值，_____（需要/不需要）更换曲轴轴承。
（6）清洁及复位。

2. 测量曲轴的轴向间隙。
（1）按文中提示安装及测量百分表支架。
（2）测量曲轴轴向间隙为_____。
（3）查找维修标准_____。
（4）对比标准值，_____（需要/不需要）更换曲轴推力轴承。

（四）检测曲轴的弯曲量及轴颈的磨损情况

1. 检测曲轴的弯曲量。
（1）用V形架支撑曲轴。
（2）安装百分表，将百分表测量杆抵住曲轴第_____个主轴颈，运动曲轴，测量曲轴的经向圆跳动为_____。
（3）查找维修资料，最大径向圆跳动为_____。
（4）对比测量值和查找到的最大径向圆跳动值，判断曲轴_____（正常/需要更换）。

2. 检测曲轴轴颈的磨损情况。
（1）使用千分尺，测量每个主轴颈和曲柄销直径，测量位置参考下图，进行记录：_____。
（2）查找维修资料，主轴颈和曲柄销直径标准尺寸分别为_____。
（3）对比测量值和标准值，曲轴_____（不需/需要）更换。

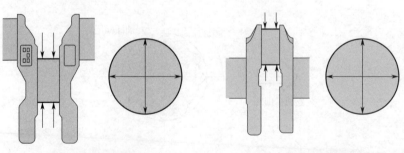

a）主轴颈测量位置　　　　　　b）连杆轴颈测量位置

项目三　配气机构的结构与检修

学习任务一　气门传动组的结构与检修

一　实训内容及要求

熟悉气门传动组的组成及拆装方法；会检测凸轮轴的损坏情况；会调整或检查气门间隙。

二　实训器材及资料

发动机拆卸台架、百分表支架、凸轮轴支撑V形架、一盒套筒、一盒扳手、扭力扳手、橡胶锤等；记号笔、千分尺等；实训发动机的维修手册。

三　实训步骤

（一）正时带传动式气门传动组的拆装

1.拆卸气门室盖、链条或传动带罩。

2.如下图所示，采用工具_____，转动曲轴带轮，将带轮槽口对准1号正时传动带罩上的正时标记"0"。

带轮上的记号

3.检查凸轮轴正时带轮的"K"标记与轴承盖的正时标记对准，_____（是/不是）。如果不是，转动曲轴_____度，使记号对齐。

4. 使用专用工具拆下带轮螺栓和带轮。

5. 拆下传动带罩。旋松惰轮安装螺栓，拆下张紧弹簧。

6. 拆下正时带。如果重复使用正时带，按发动机旋转的方向在传动带上画一个方向箭头，并如下图所示，在带轮和传动带上做出定位标记。

a）凸轮轴端传动带记号　　　b）曲轴端传动带记号

7. 拆下惰轮，曲轴正时带轮等元件。

8. 拆下凸轮轴。

（1）拆下凸轮轴正时带轮。用扳手夹持凸轮轴的六角头部分并松开带轮螺栓。注意，此时不要让扳手撞击气缸盖，以免造成气缸盖损坏。

（2）转动凸轮轴的六角部分将副齿轮小孔转上来，拆下两个螺栓和1号轴承盖。使用维修螺栓固定主、副齿轮。

（3）按标出的顺序分几次均匀地拧松8个轴承盖螺栓。拆下4个轴承盖和凸轮轴。不要用工具或其他物体撬动和用力拆除凸轮轴。拆卸另一凸轮轴。观察两排轴承盖朝前记号及安装顺序号，观察螺柱盖紧固螺栓是否相同，简要地将观察情况记录在下面。

如果凸轮轴没有被水平地向上顶起，用两个螺栓重新安装轴承盖。然后向上拉凸轮轴齿轮并交替地旋松，拆下轴承盖螺栓。

9. 按相反顺序进行安装。

装配时，需要保持水平装入凸轮轴。在需要润滑的地方涂抹机油，在需要密封的地方安装密封垫或涂抹密封胶。安装时，注意对齐装配标记。检查传动带扰度应为5~6mm。在上止点位置，慢慢顺时针转两圈再回到上止点位置。

（二）正时链传动式气门传动组的拆装

1. 拆卸气门室盖、链条或传动带罩。

2.转动曲轴,将1号气缸摇转到压缩上止点,观察此时_____处的正时记号用文字或简图,描述在下面。

```
┌─────────────────────────────────────────┐
│                                         │
│                                         │
│                                         │
│                                         │
│                                         │
└─────────────────────────────────────────┘
```

3.拆卸曲轴带轮,拆卸1号链条张紧器总成,拆卸正时链条盖分总成等。

4.拆卸链条分总成。用扳手固定住凸轮轴的六角头部分,逆时针旋转凸轮轴正时齿轮总成,以松开凸轮轴正时齿轮之间的链条。链条松开时,将链条从凸轮轴正时齿轮总成上松开,并将其放置在凸轮轴正时齿轮总成上。顺时针转动凸轮轴,使其回到原来位置,并拆下链条。

5.拆卸凸轮轴轴承盖。按如下图所示顺序,均匀地拧松并拆下10个轴承盖螺栓。按如图所示顺序,均匀地拧松并拆下15个轴承盖螺栓,拆下5个轴承盖。

6.拆下凸轮轴。

7.按相反顺序进行安装。

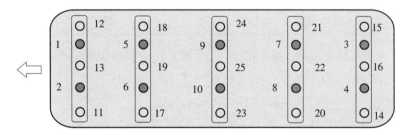

(三)检测凸轮轴的损坏情况

1.目视检查凸轮轴外观,凸轮轴轴颈_____(有/无)明显损坏,凸轮轴凸轮_____(有/无)明显损坏,凸轮轴键槽或键_____(有/无)明显损坏。

2.检查凸轮轴的弯曲度。百分表触头抵住第_____道轴颈上,转动凸轮轴_____度,查找维修手册对比标准值,测量值属于_____(正常/不正常)。

3.根据测量曲轴轴向间隙和径向间隙方法,轴向间隙测量值为_____,径向间隙测量值为_____。

4.检查凸轮轴轴颈,测量的四个值_____,取其平均值_____,查找维修资料的标准值为_____，测量值属于_____（正常/不正常）。

5.检查凸轮轴凸轮高度，测量的两个值_____，取其平均值_____，查找维修资料的标准值为_____，测量值属于_____（正常/不正常）。

（四）气门间隙的检查

1.根据以下方法介绍，你选择_____（两次/逐缸）调整或检查气门法。

（1）四缸根据发动机做功顺序1-3-4-2，以及发动机工作循环，填写表1。

表1　四缸发动机工作循环表

曲轴转角（°）	第一缸	第二缸	第三缸	第四缸
0~180	做功			
180~360				
360~540				
540~720	压缩	做功	进气	排气

（2）第一缸处于压缩上止点时，此时曲轴转角为0°，1缸处于压缩行程末，进气门和排气门都关闭，2缸处于做功行程末，排气门已提前打开，3缸处于进气行程末，进气门尚未关闭，4缸处于排气行程末，排气门迟后关闭，进气门提前打开，两个气门都未关闭。可以调整的气门见表2。

表2　1缸处于压缩上止点时可以调整或检查的气门

	第一缸	第二缸	第三缸	第四缸
进气门	●	●	○	○
排气门	●	○	●	○

（3）采用两次调整法时，通常按照"双-排-不-进"的方法进行，做功顺序1-3-4-2，分别可以对应"双-排-不-进"，1缸"双"即可以调整_____气门，3缸"排"即可以调整_____气门，4缸"不"即不调，2缸"进"即调整_____气门。

（4）采用主缸调整法，调整1缸后，需要摇转曲轴_____度，再调整_____缸，再依次调整4缸和2缸。

2.根据你对调整或检查气门方法的选择，完成以下作业。

（1）你所实训的发动机，采用的气门调整机构是_____（机械挺柱/液压挺柱/螺栓调整），你需要对发动机气门间隙进行_____（调整/检查）。

（2）你采用的气门调整或检查方法是_____（主缸检查法/两次调整法）。

（3）摇转曲轴，判断_____缸处于压缩上止点位置。

（4）调整如下气缸的进或/和排气门：_____。

（5）摇转曲轴_____°，调整如下气缸的进或/和排气门：_____。

（6）_____(是/不)需要再次摇转曲轴，依次调整其他气门。

学习任务二　气门组的结构与检修

一　实训内容及要求

熟悉气门组的组成及拆装方法；会检测气门组的元件损坏情况；会研磨气门及铰削座圈，会铰削气门座圈。

二　实训器材及资料

发动机拆卸台架、气门弹簧钳、气门铰刀、研磨砂、气门捻子、气门导管冲子、气门油封拆装专用工具、气门等零件摆放台（如下图所示）、游标卡尺、直尺、橡胶锤、尖嘴钳、护目镜等；实训发动机的维修手册。

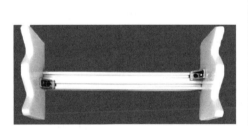 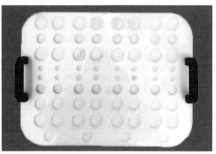

三　实训步骤

（一）气门组的拆装

1.按前文要领拆下凸轮轴。

2.戴上护目镜，用木块支撑气缸盖，用＿＿＿＿＿＿＿＿压缩气门弹簧，拆下气门座圈锁片，再依次拆下液压挺柱、气门、气门座圈、气门弹簧等零件。依次将液压挺柱、进排气门、气门弹簧、锁片、气门座圈等按顺序摆放好。

3.用气门油封专用拆装工具或尖嘴钳拆下气门油封，观察并记录进气门和排气门的是否有区别＿＿＿＿＿＿＿＿（相同/大小不同/颜色不同）。

4.用磁棒吸出气门弹簧下座圈。

5.在需要润滑部位涂抹上机油，例如气门油封、气门杆部等处。

6.按相反顺序进行安装。

（二）气门组的检修

1.气门外观的目视检查，（合格打√，不合格打×）

气门检查部位	座部位点蚀	头部余量厚度	杆部弯曲	杆部点蚀磨损	锁片槽磨损	杆顶端磨损	处理意见
进气门							
排气门							

2.使用量具_____测量气门的长度，进气门长度为_____，排气门长度为_____。使用量具_____测量气门的杆部直径，进气门杆部直径为_____，排气门杆部直径为_____。

3.使用量具_____测量气门的头部直径，进气门头部直径为_____，排气门头部直径为_____。

4.检查气门锥面上的接触面宽度，进、排气门气门锥面上的接触面宽度分别为_____、_____。

5.检查气门座的接触面宽度测量，进、排气门气门座的接触面宽度分别为_____、_____。

6.进、排气门对气门座的同心度检查：进气门与气门座的同心度_____（√/×），排气门与气门座的同心度_____（√/×）。

7.气门锥面位置检查，进气门气门锥面_____（√/×），排气门气门锥面_____（√/×）。

8.查找维修手册，对比测量的值，确定维修方案：_____（是否需要更换气门、座圈等，是否需要研磨或铰削气门座等）。

9.使用经验法，检查气门导管，气门下落速度_____（正常/过快），说明_____（需要/不需要）更换气门导管。如果需要更换气门导管，气门导管应该朝气缸盖_____（底面/顶面）冲出。

10.检查气门弹簧，_____（有/无）裂纹、磨损、变形等，使用_____（量具名称）测量气门弹簧长度，测量值为_____。

（三）气门座圈的铰削

1.检查确认气门导管与气门的间隙，属于_____（正常/异常）。

2.砂磨硬化层，选择铰刀导杆和_____。

3.选择_____。铰刀的铰刀初铰，铰完后气门的密封锥面的宽度是_____。

4.密封锥面的结合位置在_____（居中偏小端/偏小端/偏大端），选择_____。的铰刀精铰。

5.精铰完，测量工作锥面宽度为_____。

（四）研磨气门和气门座圈

1.将气缸盖倒置，用汽油或水加入燃烧室，测试观察进气门座圈是否都漏，泄漏的是_____（进气门座圈或/和排气门座圈）。

2.进气门、排气门属于第_____缸的气门，_____（有/无）记号。

3.观察粗研磨砂与细研磨砂区别，准备好气门捻子，在_____（位置）涂抹粗研磨砂。

4.观察工作锥面出现接触环带时，清洁区研磨砂，涂抹上细砂。

5.涂抹机油再次研磨。

6.试漏。5min中_____（无泄漏/进气门/排气门）泄漏。

学习任务三　配气相位和可变气门正时的原理和检修

一　实训内容及要求

会检查发动机的配气相位；会检查发动机的可变气门正时系统。

二　实训器材及资料

发动机运行台架、量角器或辅助纸盘、一盒套筒、万用表、百分表及支架等；实训发动机的维修手册。

三　实训步骤

（一）配气相位的检查

1.发动机运行1~3min后熄火，以防实训发动机温度过高，影响操作。

2.拆下发动机气门室盖。

3.摇转发动机到1缸排气上止点，逆时针摇转曲轴至进气凸轮基圆朝气门挺柱，安装百分表，将百分表触头抵住1缸进气门挺柱。

4.顺时针转动曲轴，观察百分表表针偏转时，测量曲轴带盘正时记号与壳体上正时记号之间的夹角，此进气提前角_____°。（操作时，可以将类似右图中的圆形量角器安装或粘贴在带轮上）

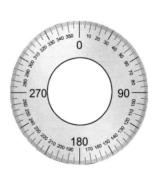

5.继续顺时针转动曲轴超过半圈，观察百分表表针不再偏转时，测量曲轴带盘正时记号对角处与壳体上正时记号之间的夹角，此进气迟后角_____°。

6.思考一下，测出排气提前角为_____°，排气迟后角为_____°。

（二）可变气门正时的检查

1.检查凸轮轴正时机油阀。

（1）将点火开关置于_____档位，拔下凸轮轴正时机油阀的插接器，将点火开关置于_____档位_____量程，测量其电阻为_____Ω。

（2）施加蓄电池电压，将蓄电池_____（正极连线/负极连线）连接端子1，将蓄电池_____（正极连线/负极连线）连接端子2，机油阀应该迅速移动。

（3）断路线束两端插接器，检查机油正时阀的连接导线是否断路，两条线的电阻分别为_____Ω和_____Ω。

（4）断路线束两端插接器，检查机油正时阀的连接导线是否短路，两条线之间电阻为_____Ω，两条线与搭铁之间的电阻分别为_____Ω和_____Ω（如果无穷大，可以填∞）。

（5）拆卸机油正时阀，检查内部机油滤清器是否需要清洁。

2.VVT传感器的检查。

（1）检查线束是否断路，各导线电阻分别为_____Ω。

（2）检查线束是否短路，各导线与搭铁之间电阻分别为_____Ω，各导线之间的电阻_____Ω和_____Ω。

（3）将点火开关置于_____档位，断开传感器插接器，将点火开关置于_____档位，检查VC的供电电压_____V。

（4）运转发动机，检查传感器其波形。检查正时记号，凸轮轴上的信号盘是否损坏。

（三）可变气门升程的检查

1.观察实训发动机每个气缸有（　　　　）个排气门，（　　　　）个进气门，气门升程可变的是（　　　　）（填进气门、排气门或进气门和排气门）。

2.观察每个可变气门升程对应的凸轮轴上有（　　　　）个凸轮件。

3.观察实训发动机有（　　　　）个气门升程控制阀，检查气门升程控制阀电阻和对应电路。

项目四　燃料供给系统的工作原理与检修

学习任务一　空气供给系统的结构与维修

一　实训内容及要求

会对进气系统拆装及维护；会对排气系统拆装及维护。

二　实训器材及资料

发动机运行台架或实训车辆、吹气枪、一盒套筒、螺丝刀、常用扳手、手电筒等。

三　实训步骤

（一）进气系统的拆装与维护

1.拆下空气滤芯进行检查维护。检查空气滤清器上盖固定卡扣或螺栓_____（正常/不正常），用布清洁空气滤清器上盖及下盖。

2.检查空气滤芯密封条_____（正常/不正常），检查空气滤芯滤纸_____（需清洁/需更换/正常）。

3.检查波纹管是否有裂纹。

4.观察节气门体上是否有冷却液管，如果有冷却液管，将冷却液放出在干净的容器中，拆下节气门体。

5.清洁节气门体，检查节气门_____（有/无）积炭，节气门螺栓_____（有/无）松动，节气门关闭_____（是/不）严密，_____（有/无）旁通气道。

6.安装节气门体，连接其插接器或拉线，观察节气门_____（是/不）严密，踩下踏板，观察节气门_____（能/不能）全开。

7.查找维修资料，用诊断仪对节气门体调试，发动机应怠速运行平稳。

（二）排气系统的拆装与维护

1.检查发动机共有_____处密封垫，检查密封垫周围_____（有/无）漏气现象。

2.检查实训车辆排气管共有_____处吊胶，吊胶应无_____缺失或损坏。
3.检查三元催化转化器，_____（有/无）明显损伤，照射三元催化转化器_____（有/无）堵塞。

学习任务二 燃油供给系统的工作原理与检修

一 实训内容及要求

会对进气系统拆装及维护；会对排气系统拆装及维护。

二 实训器材及资料

发动机运行台架或实训车辆、万用表、一盒套筒、螺丝刀、常用扳手、燃油压力表、喷油器清洗仪等；实训发动机的维修手册；灭火器。

三 实训步骤

（一）燃油压力的检查

1.卸压。断开_____，起动发动机，等待发动机熄火，再次起动发动机，再次等待发动机自然熄火，直到发动机不能起动。

2.安装燃油压力表，如果实训车辆带有燃油压力表，可以安装或不安装。连接_____，重新起动发动机，等待发动机怠速运行稳定，此时，发动机燃油压力为_____kPa。

3.如果发动机带有燃油压力调节器，断开燃油压力调节器上的真空管，或用布和钳子包夹住回油管，分别检查此时燃油压力值，进而判断燃油调节器功能是否正常。

4.检查残余燃油压力。等待发动机熄火30min后，再次读取燃油压力值为_____kPa，如果残余压力低于要求值，故障原因可能是_____。

（二）就车检查喷油器

1.检查喷油器的供电电压，采用万用表_____档位_____量程，红色表笔连接插接器1号端子，黑色表笔连接_____，电压为_____V。

2.检查发动机上所有喷油器的电阻，分别为_____。

3.检查喷油器的控制脉冲信号，发光二极管_____（闪/不闪）。

（三）清洗和检测喷油器

1. 拆卸喷油器或采用现有的喷油器，将其安装在喷油器清洗仪上。
2. 调整清洗仪的燃油压力为_____。
3. 选择均匀性检测，各喷油器最大的差别为_____。
4. 选择喷油雾化检测，正常的喷油器包括_____（填缸号），不正常的喷油器包括_____（填缸号）。
5. 选择喷油量检测，在_____（s）内，喷油量为_____。
6. 选择密封功能检测，在_____时间内，没有漏油。
7. 如需要，对喷油器进行自动清洗，清洗后重新检测。

（四）检查燃油泵

实训提示：在电路检测前，实训指导教师可以设定相应的故障，下同，不再提示。

1. 就车检查燃油泵电阻，_____Ω。
2. 查找燃油泵电路，对燃油泵施加蓄电池电压，蓄电池正极连接燃油泵插接器端子_____，蓄电池负极连接燃油泵插接器端子_____，燃油泵_____（工作/不工作）。此时需要注意，燃油应密封良好，以防发生火灾。
3. 检查燃油泵电路，燃油泵供电电压_____V，燃油泵负极与搭铁之间电阻为_____Ω。
4. 检查发动机控制单元FC的电压值，点火开关ON时，FC为_____V，起动时，FC约为_____V。
5. 根据燃油泵电路，检查燃油泵继电器，及相关的熔丝，记录你检查的情况：_____。
6. 你确定故障原因及维修方案是：_____。

学习任务三　电控系统的工作原理与检修

一　实训内容及要求

会检查ECU系统电压、电源电路及5V输出电路；会检查电控系统的相关传感器；会检查故障指示灯、炭罐电磁阀、节气门电机等执行器。

二　实训器材及资料

发动机运行台架或实训车辆、万用表、一盒套筒、螺丝刀、常用扳手、手动真空枪等；实训发动机的维修手册；灭火器。

（一）检查ECU系统电压、电源电路及5V输出电路

1. 找到BATT和E1端子或实训发动机上带有的测量孔，将点火开关_____（OFF/ON），检查BATT与E1之间的电压为_____V，检查给BATT供电的EFI MAIN熔断器_____（熔断/正常）。

2. 检查E1与搭铁之间的阻值为，_____Ω。

3. 将点火开关_____，检查IGSW与E1之间的电压为_____V，若异常，检查相关电路。

4. 检查+B和+B2与E1之间的电压为_____V，若异常，检查故障原因是_____。

5. 检查节气门位置传感器的供电电压为_____V，说明VC输出电路_____（正常/异常）。

（二）传感器的检查

1. 检查空气流量传感器

（1）查找资料或通过观察，发现空气流量传感器属于_____（翼片式/卡门式/热线式/热膜式）。

（2）该空气流量传感器与_____（单独安装/与温度传感器集成安装）。

（3）该空气流量传感器有_____连接线，_____是电源线，_____是负极线，_____是信号线。

（4）测量供电电源是_____V，起动发动机测量信号电压是_____V，测量结果属于_____（正常/异常）。

（5）检查该传感器本体部分，应该无异物遮挡。

2. 检查进气歧管压力传感器

（1）如果该进气歧管压力传感器有真空管，使用真空枪检查其应该无破裂或堵塞。

（2）该传感器有_____连接线，_____是电源线，_____是负极线，_____是信号线。

（3）测量供电电源是_____V，起动发动机测量信号电压是_____V，加大节气门开度让真空度变小或使用真空枪来减小真空，此时电压_____（变大/变小），测量结果属于_____（正常/异常）。

（4）如果上述结果测量异常，检查以上线路是否断路或短路。

3.检查进气温度和冷却液温度传感器

（1）断开传感器的插接器，重新打开点火开关，检查供电电压，进气温度传感器的供电电压是_____V，冷却液温度传感器的供电电压是_____V。

（2）如果异常，检查连接线路是否短路与断路。

（3）连接传感器的插接器，重新打开点火开关，检查信号电压，进气温度传感器的信号电压是_____V，冷却液温度传感器的信号电压是_____V，查找维修资料对比以上测量结果。

（4）检查传感器的电阻，利用热吹风加热进气温度传感器和冷却液温度传感器，利用万用表或温度计检查传感器的温度分别为_____℃、_____℃、_____℃，传感器的电阻分别为_____Ω、_____Ω、_____Ω。

（5）查找维修资料，对比以上测量值，属于_____（正常/不正常）。

4.节气门位置传感器的检查

（1）检查组合式或可变电阻式节气门位置传感器。

1）观察或查找维修资料，实训用的发动机的节气门位置传感器属于_____（可变电阻式/组合式）。

2）节气门位置传感器共有_____条连接线，_____为电源线，_____为负极线。

3）打开点火开关，检查电源线与负极线之间的电压为_____V，如果异常检查电路是否存在短路或断路。

4）打开点火开关，检查信号线与负极线之间的电压为_____V，如果异常检查电路是否存在短路或断路。逐步打开节气门，观察信号电压是否持续变化，检查滑动电阻VTA与E2之间的电阻是否持续。

5）_____（有/无）怠速开关触点，如有怠速触点，检查节气门关闭和打开时，怠速开关的电阻分别为_____。

（2）霍尔式节气门位置传感器的检查。

1）检查节气门位置传感器与ECU之间的线束没有断路现象，测量4条连线的电阻分别为_____Ω、_____Ω、_____Ω、_____Ω。

2）断开插接器，检查节气门位置传感器VC、VTA、VT2应没有对地短路，检查其对地电阻为_____Ω、_____Ω、_____Ω。

3）检查VC与E2之间的电压，为_____V。

4）点火开关置于ON位置，节气门全关，VTA电压为_____V，节气门全开，电压为_____V。

5）点火开关置于ON位置，节气门全关，电压为_____V，节气门全开，电压为_____V。

5.加速踏板位置传感器的检查

（1）节气门位置传感器共有_____条连接线，_____为电源线，_____为负极线。

（2）点火开关置于ON时，分别测量VCPA和VCP2与搭铁之间的电压_____V。

（3）测量加速踏板位置传感器的信号电压。在松开加速踏板时，VPA的电压为_____V，VPA2的电压为_____V；在踩下加速踏板时，VPA的电压为_____V，VPA2的电压为_____V。

（4）断开加速踏板位置传感器插接器，测量EPA2和VPA2，EPA和VPA之间的阻值为_____kΩ。

（5）测量加速踏板位置传感器与ECU之间的线路没有断路现象，每条线的阻值都应小于_____Ω。

（6）测量加速踏板位置传感器与ECU之间的线路没有短路现象，VCPA、VPA、VCP2、VPA2与搭铁之间的阻值都应大于_____kΩ。

6.氧传感器的检查

（1）检查氧传感器加热器电阻，发动机加热器20℃的阻值为_____Ω，加热器与氧传感器端子4之间的阻值_____kΩ。

（2）检查端子电压，测量氧传感器+B与车身搭铁之间的电压为_____V左右，检查EFI NO.2熔丝_____（正常/断路）。

（3）检查线束和插接器。断开前氧传感器插接器和ECU插接器，检查前氧传感器1号端子与ECU 109号端子之间电阻为_____Ω，检查1号端子与车身搭铁之间电阻_____kΩ。

（4）暖机后，检查氧传感器信号电压为_____V，电压_____（有/无）波动。

（5）按同样方法，检查后氧传感器，记录相关的测量值_____。

（三）执行器的检查

1.故障指示灯的检查

（1）检查故障指示灯，点火开关置于ON位置时，故障指示灯_____（亮/不亮）。当发动机起动时，故障指示灯_____（一直亮/熄灭）。

（2）断开ECU插接器，将点火开关置于ON。

（3）测量ECU A50-24与车身搭铁之间的电压，应为_____V，如果正常，则更换ECU，异常进行下一步。

（4）断开组合仪表插接器，断开ECU插接器，测量组合仪表E46-20和ECU A50-24之间的阻值_____Ω。

2.炭罐电磁阀的检查

（1）检查炭罐电磁阀与ECU之间接线，其电阻为_____Ω，其对地电阻为_____Ω。

（2）将点火开关置于_____位置，检查2号端子与搭铁之间的电压_____V，否则检查相关熔丝和继电器。

（3）检查炭罐电磁阀两个接线端子之间的电阻值约为_____Ω，查找维修手册，对比测量值是否正常。

（4）利用诊断仪主动测试功能或手动真空泵，检查炭罐电磁阀是否堵塞，检查结果为_____。

3.节气门电动机的检查

（1）使用万用表_____档位_____量程，在20℃时检测M+与M-之间的电阻值_____Ω。查找维修资料，对比标准值，测量值_____（正常/异常）。

（2）检查节气门控制电动机与ECU之间2条接线的阻值，电阻分别为_____Ω和_____Ω。

（3）检查节气门控制电动机2条接线与搭铁之间的阻值，电阻分别为_____Ω和_____Ω。

（4）检查节气门与壳体之间是否有杂物。

（5）检查ETCS熔丝的输出电压为_____V，检查该熔丝与ECU A50端子之间的线束或ECU的针脚。

（6）检查节气门控制电动机的工作声音。将点火开关置于_____位置，踩下加速踏板时，检查电动机的工作声音_____（声音正常/没有声音/声音异常）。

学习任务四　废气涡轮增压系统的工作原理与检修

一　实训内容及要求

会检查增压压力调节电磁阀；会检查机械式换气阀；会检查涡轮增压器循环空气阀；会检查废气旁通阀。

二、实训器材及资料

带有涡轮增压系统的发动机运行台架或实训车辆、万用表、一盒套筒、螺丝刀、常用扳手、手动真空枪等；实训发动机的维修手册。

三、实训步骤

（一）增压压力控制电磁阀的检查

1. 用万用表测量该电磁阀电阻，测量值为_____Ω。
2. 检查其供电电压为_____V，如果不正常，应该检查_____熔断器。
3. 给电磁阀施加12V电压，正极连接_____端子，负极连接_____端子，用压缩空气吹气检查，通电时三个端口应互通，断电时膜片执行器的左室与低压空气端连通。

（二）机械式换气阀的检查

通过软管将C端与手动真空泵连接，扳动真空泵产生真空力，此时A、B两端_____（相通/不通），解除真空，A、B两端_____（相通/不通）。

（三）检查涡轮增压器循环空气阀

1. 用万用表测量其阻值，测量值_____Ω。
2. 不通电或给电磁阀供12V直流电，检查并记录3条连接管相通情况：_____
_____。
3. 检查该空气阀的供电电压_____V。
4. 检查该阀与发动机电控单元之间连线的电阻为_____Ω，检查该连线对地电阻为_____Ω。

（四）中冷器的检修

1. 起动发动机运行至暖机，检查中冷器空气进口温度和空气出口温度分别是_____℃和_____℃。
2. 检查中冷器连接空气管_____（有/无）松动，_____（有/无）裂纹或老化。
3. 检查中冷器散热片_____（有/无）脏污。

（五）废气旁通阀的检修

用真空枪连接废气旁通阀出口，施加真空压力，检查推杆_____（不移动/移动正常）。

学习任务五　缸内喷射电控系统的工作原理与检修

一　实训内容及要求

会检查燃油压力传感器；会检查氧传感器；会检查喷油器；会检查燃油压力调节器；会检查燃油泵电路。

二　实训器材及资料

直喷发动机运行台架或实训车辆、万用表、一盒套筒、螺丝刀、常用扳手等；实训发动机的维修手册。

三　实训步骤

（一）燃油压力传感器的检查

1. 断开燃油压力传感器线束两端的插接器，检查各接线的电阻为＿＿＿＿Ω，＿＿＿＿Ω，＿＿＿＿Ω。

2. 检查各接线的对地电阻分别为＿＿＿＿Ω，＿＿＿＿Ω，＿＿＿＿Ω。

3. 检查传感器的供电电压为＿＿＿＿V，利用专用配线或从线束后端，检查其信号电压为＿＿＿＿V。

4. 利用故障诊断仪，检查是否有燃油压力传感器相关的故障码，根据维修手册提示进行检查。

（二）宽频氧传感器的检查

1. 查找维修手册，端子＿＿＿＿＿和端子＿＿＿＿＿之间为1号氧传感器加热器，检查加热器的电阻为＿＿＿＿Ω。

2. 查找维修手册，端子＿＿＿＿＿和端子＿＿＿＿＿之间为2号氧传感器加热器，检查加热器的电阻为＿＿＿＿Ω。

3. 查找维修手册，检查线束是否存在短路与断路，检查前、后氧传感器与电控单元的接线电阻分别为＿＿＿＿＿＿＿＿＿＿＿＿＿＿＿＿＿＿＿＿Ω，检查接线对地电阻分别为＿＿＿＿＿＿＿＿＿＿＿＿＿＿＿＿＿＿＿＿＿＿＿＿＿＿＿＿。

4. 起动发动机达到正常温度，用诊断仪或万用表读取氧传感器的电压分为＿＿＿＿V和＿＿＿＿V，对比维修手册，如果异常，按提示进一步检查。

（三）喷油器的拆装

拆装练习喷油器拆装，需要准备喷油器的密封圈。拆卸关键步骤是对燃油压力进行卸压。

1. 拔下活性炭罐插头。
2. 拔下燃油泵熔丝_____（熔丝名称或序号）。
3. 起动发动机。
4. 连接专用诊断仪，读取燃油压力值为_____，观察燃油压力开始下降。
5. 当燃油压力在6~8bar时，关闭发动机，拆下喷油器或其他高压部分。
6. 完成修理后要清除故障码。

（四）燃油压力调节器的检修

1. 检查燃油压力调节器与电控单元之间的线路是否断路，检查其接线电阻分别为_____Ω 和_____Ω。
2. 检查燃油压力调节器与电控单元之间的线路是否短路，检查接线之间电阻为_____Ω，检查接线对地电阻为_____Ω 和_____Ω。
3. 检查燃油压力调节器电阻为_____Ω。
4. 检查燃油压力调节器的供电电压为_____V。
5. 用诊断仪驱动燃油压力调节器，观察燃油压力的变化。

（五）低压燃油泵及燃油泵ECU的检查

1. 查找实训车辆或发动机的维修手册，阅读维修手册提供的燃油泵电路，电路所在页码为_____。
2. 检查燃油泵电阻为_____Ω。
3. 检查燃油泵与燃油泵ECU之间的接线，应无断路或短路。
4. 检查燃油泵ECU的供电情况，_____端子给燃油泵ECU提供正极电源，_____端子给燃油泵ECU提供负极，检查以上两个端子之间的电压为_____V。
5. 检查燃油泵ECU和发动机控制单元之间接线是否存在短路或断路，简要描述你的检查方法。

_____

_____。

项目五　点火系统的工作原理与维修

学习任务一　点火系统的认知

一　实训内容及要求

会检查点火正时；会点火正时的影响因素。

二　实训器材及资料

发动机运行台架或实训车辆、点火正时枪等；实训发动机的维修手册。

三　实训步骤

1. 暖机后，将发动机熄火。此时，发动机冷却液温度为_____℃。
2. 检查正时枪_____色正极夹夹在蓄电池正极上，将_____色负极夹夹在蓄电池负极或车身搭铁上，将感应钳夹在1缸的线束上，或靠近1缸的点火线圈总成。
3. 为防止发动机电控单元对点火正时进行调节，连接_____和_____。
4. 起动发动机，将点火正时灯灯光朝传动带盘照射，读出此时的点火提前角_____°。
5. 思考：如果点火提前角不是规定的范围，你认为有哪些原因。

学习任务二　点火系统的结构与检修

一　实训内容及要求

会拆装及检修火花塞，会做跳火测试；会检查曲轴位置传感器；会检查爆燃传感器；会检查点火模块的电路。

二 实训器材及资料

发动机运行台架或实训车辆、万用表、塞尺、常用套筒、扭力扳手、手电筒等；实训发动机的维修手册。

三 实训步骤

（一）火花塞的拆装与检测

1. 将点火开关置于_____档位，断开所有气缸的喷油器插接器。尽量让发动机处于冷态时进行操作。在发动机热机拆卸火花塞时，谨防取出的火花塞烫手，可先准备干毛巾包裹取出。

2. 拆卸点火线圈总成或高压线。

3. 使用专用套筒，拆下所有火花塞。

4. 清洁火花塞承孔四周，使用遮挡物遮盖住火花塞孔，以免异物进入。

5. 目测火花塞，连接螺塞_____（有/无）松动，_____（有/无）电蚀现象，火花塞螺纹_____（正常/损坏），气缸盖火花塞承孔螺纹_____（正常/损坏），密封圈_____（正常/异常），电极颜色为_____，电极_____（有/无）积炭，_____（有/无）油污，火花塞需要_____（检测/维修/更换）。

6. 使用塞尺，检查_____缸火花塞间隙为_____mm，属于_____（正常/异常）。

7. 查找用户手册，火花塞更换里程为_____km。

8. 检查火花塞内阻分别为_____，检查火花塞绝缘电阻分别为_____。

9. 做跳火试验，火花的颜色为_____，属于_____（正常/异常）（使用类似下图的火花塞测试仪或用传统的跳火试验方法）。

10. 不要使用蛮力拧紧火花塞，否则容易造成火花塞损坏，更甚至造成气缸盖损坏，必须按标准的力矩拧紧。安装火花塞，力矩：18N·m。

（二）曲轴位置传感器的检测

1. 曲轴位置传感器安装在_____，共有_____接线，属于_____式曲轴位置传感器。

2. 点火开关关闭，拆下曲轴位置传感器插接器，目测检测插接器接线_____（完好/异常），拆下曲轴位置传感器，检查传感器_____（有较多/无）油污，转动曲轴一圈，检查曲轴位置传感器的信号轮_____（正常/异常）。

3. 重新安装曲轴位置传感器，检查其电阻为_____，属于_____（正常/异常）。

4. 断开曲轴位置传感器线束分别与传感器和 ECU 之间的插接器，检查连接线的电阻分别为_____，属于_____（正常/异常），说明线路_____（正常/断路）；检查接线与车身之间的电阻分别为_____，属于_____（正常/异常），说明线路_____（正常/短路）。

5. 安装曲轴位置传感器，利用示波器，检查其波形。

（三）爆燃传感器的检测

1. 观察发动机有_____个爆燃传感器。

2. 断开爆燃传感器线束分别与传感器和 ECU 之间的插接器，检查连接线的电阻分别为_____，属于_____（正常/异常），说明线路_____（正常/断路）；检查接线与车身之间的电阻分别为_____，属于_____（正常/异常），说明线路_____（正常/短路）。

3. 查找维修手册，爆燃传感器安装拧紧力矩为_____。

4. 检查爆燃传感器安装位置，属于_____（正常/异常）。

5. 检查爆燃传感器的供电电压为_____V。

（四）点火控制模块电路的检查

1. 观察点火控制模块共有_____条接线，端子_____连接电源线，端子_____连接负极线，端子_____连接点火信号线，_____（有/无）点火反馈信号线。

2. 检查电源与搭铁线，检查电源与搭铁之间的电压为_____V。

3. 检查线束是否短路或断路。填写检查方法或检查记录：_____。

4. 利用示波器检查点火信号及反馈信号的脉冲波形。

5. 用排除法或换件法对存在故障的点火模块进行检查。

项目六　润滑系统的工作原理与检修

学习任务一　润滑系统的工作原理

一　实训内容及要求

会选用发动机机油；会检查发动机机油。

二　实训器材及资料

发动机运行台架或实训车辆、机油、清洁抹布等；实训发动机的维修手册及用户手册。

三　实训步骤

1. 查找实训车辆或发动机用户手册，该发动机使用的机油型号为_____。
2. 用手机打开网商平台，选购一瓶与以上型号相同的机油，选购一瓶与以上型号不同但能符合要求的机油，该机油型号是_____。
3. 运行发动机，然后熄火，等待5min。
4. 拔出机油尺擦干净。
5. 再次拔出机油尺，观察机油尺两面显现的机油量_____（相同/不相同），应该选择_____（多的/少的）为准。
6. 观察机油量是_____（正常/过高/过低）的，机油的颜色是_____。
7. 查找用户手册，该发动机机油每_____里程或_____月更换一次。
8. 打开点火开关，观察机油警告灯_____（点亮/不亮），起动发动机，观察机油警告灯_____（一直亮/熄灭）。
9. 检查机油压力开关，不起动发动机，检查机油压力开关的电阻应该大于10kΩ，你的测量值为_____，起动发动机，检查机油压力开关的电阻为_____。

学习任务二　润滑系统的结构与检修

一　实训内容及要求

检查机油泵及限压阀；会更换机油和机油滤清器；会检查曲轴箱通风装置。

二　实训器材及资料

发动机台架或实训车辆、塞尺、机油、机油泵、机油滤清器专用扳手、扭力扳手、漏斗、清洁抹布、机油压力表、螺丝刀等；实训发动机的维修手册及用户手册。

三　实训步骤

（一）检查机油压力

如果怀疑机油压力异常，拆卸机油压力传感器，在机油压力传感器的安装孔处安装压力表，怠速时，机油压力为＿＿＿＿＿＿＿，加速到3000r/min时，机油压力为＿＿＿＿＿＿＿。熄火后，拆下机油压力表。

（二）检查机油泵和限压阀

1. 拆解机油泵。
2. 检查主动转子和从动转子之间的间隙为＿＿＿＿＿＿，其标准范围为＿＿＿＿＿＿。
3. 检查两个转子和端面之间的间隙为＿＿＿＿＿＿＿。
4. 检查从动转子和泵体之间的间隙为＿＿＿＿＿＿＿。
5. 检查限压阀柱塞，＿＿＿＿＿＿＿（有/无）卡滞。
6. 安装机油。

（三）更换机油及滤清器

1. 更换前的准备。

（1）在实训车辆或发动机运行台架上更换机油的操作稍有不同，如果需要使用举升机，请先锁止以后才能进入车身下面，仅限实训指导教师或指定人员操作举升机。

（2）查找维修手册或通过学习掌握以下情况，油底壳放油螺栓的紧固力矩为＿＿＿＿＿＿＿，机油滤清器的紧固方法为＿＿＿＿＿＿＿。通过用户手册查找机油型号和加注量。

（3）起动发动机，对机油压力警告灯进行检查，如果不正常，需要在更换机油前，对故障进行诊断，检查结果为_____（正常/不正常）。

（4）检查机油油质和油量，机油量严重缺少或机油中含水，需要检查原因，检查结果为_____（正常/不正常）。

（5）检查是否存在漏机油，加机油盖处_____（漏/正常，下同），气门室盖处_____，放油螺栓处_____，油底壳结合面处_____，机油滤清器处_____，发动机前油封处_____，发动机后油封处_____，其他地方_____。

2.更换机油。

（1）拆卸加机油盖，拆下放油螺栓，用机油车或机油盘存放废机油。注意：此时如果机油是高温的，不要带棉纱手套，以防烫伤。

（2）拆卸机油滤清器。注意：此时可以佩戴防油手套，拆卸时不要用力过猛，以防举升机上车辆倒塌。

（3）安装机油滤清器。注意：清洁机油滤清器底座；比较新旧机油滤清器，确认其大小型号相同；在新滤清器密封圈上涂抹机油；在新滤清器内加入适量的机油（约为1/3）。

（4）安装油底壳螺栓。

（5）用漏斗通过机油加注孔加机油。注意机油实际加注量比标准加注量稍少，使用机油尺检查机油加注量是否合适，结果为_____（基本合适/过多/过少），初步判断加注机油量为_____。

（6）起动发动机，重点在_____处和_____处检查是否存在漏油，结果为_____（正常/漏油）。

（7）将发动机熄火，等待3~5min，再次检查机油量，尽量将加油加注到油尺上限，结果为_____（需添加/需放油/正常）。

3.更换后的作业。

（1）复位工具及相关设备。

（2）清洁场地。

（3）根据具体车型，是否需要复位保养灯提示，是否需要张贴下次保养提示。

（四）曲轴箱通风装置

1.写出实训发动机（不带涡轮增压）曲轴箱通风装置包括（_____），（_____）和（_____）等，检查曲轴箱通风PCV阀需要使用（_____）。

2.起动发动机，打开加注机油孔盖，感受冒气量的大小，踩下加速踏板，冒气量（_____）（基本不变/明显增加）。

3.找到带有细油气分离器模块的实训发动机,仔细辨认该模块上的旁通阀、压力调节阀、细分离器、PCV阀、单向阀等,将上述元件尽量标注在下图上。对PCV阀进行检查,写出检查的方法。

PCV 阀的检查:

项目七 冷却系统的工作原理与检修

学习任务一 冷却系统的工作原理

一、实训内容及要求

能辨别冷却系统的循环模式;会检查冷却液凝固点。

二、实训器材及资料

发动机台架或实训车辆、万用表、工作灯或手电等;实训发动机的维修手册及用户手册。

三、实训步骤

(一)辨别冷却系统的循环模式

注意:发动机舱中进行工作时,必须考虑到风扇可能自行打开而有受伤的危险。

1.发动机处于常温时起动,让空调不工作,散热风扇尚未_____起动,观察冷却液温表的读数,此时读数为_____℃,用可以测量温度功能的万用表检查散热器上水管温度为_____℃,散热器下水管温度为_____℃,此时循环模式为_____。

2.运行发动机直至散热风扇起动,观察此时冷却液温表的读数,此时读数为_____℃,用可以测量温度功能的万用表检查散热器上水管温度为_____℃,散热器下水管温度为_____℃,此时循环模式为_____。

(二)检查冷却液凝固点

1.使用前检查和校正冰点仪。
2.检查实训发动机冷却液的冰点,检查结果为_____℃。
3.擦净冰点仪,将其复位。
4.上网了解你所在地方,当地最低气温大约是_____℃,根据你的检测,冷却液的冰点_____(符合/不符合)使用要求。

学习任务二　冷却系统的结构维修

一　实训内容及要求

会直观检查冷却系统较为明显的故障；会检查散热器开关；会检查冷却系统泄漏的故障；会检查节温器；会检查散热风扇的相关故障。

二　实训器材及资料

发动机台架或实训车辆、万用表、冷却系统压力测量仪、透明电热壶、螺丝刀、鲤鱼钳、手电或工作灯等；实训发动机的维修手册及用户手册。

三　实训步骤

（一）直观检查冷却系统

（1）检查软管共有_____条，检查每一条软管两端是否有漏水、损坏现象，检查结果为_____（正常/漏水、老化等），检查卡箍安装情况，是否有松动。

（2）检查软管应无吸瘪的现象，_____（正常/某条水管被吸瘪）。

（3）用手电或工作灯照射，在_____处检查冷却液液位，_____（正常/过高/过低），如果低于下限，应检查有无明显渗漏处。

（4）检查散热器散热片，_____（正常/异常）。

（5）冷却液泵就车检查时，应无漏水现象，_____（正常/漏水）。

（二）散热器开关的检查

（1）拆下散热器盖或膨胀水箱盖开关前，检查发动机冷却液表是_____℃，注意高温时，一定要等待充分冷却。

（2）选择合适的适配器将散热器开关连接测漏仪。

（3）加压100kPa左右，观察压力表至少10s内无下降，检查结果为_____（正常/有泄漏）。

（4）加压到140kPa，观察压力表迅速下降，检查结果为_____（正常/有泄漏），说明_____（压力阀/真空阀）正常。

（5）复位。

（三）冷却系统泄漏的检查

（1）观察冷却液表，此时温度是_____℃，拆下膨胀水箱或散热器开关。

（2）选择合适的适配器。

（3）加压到_____kPa，压力表保持2min，压力_____（下降/正常）。如有下降，检查冷却液泄漏的部位。

（4）复位。

（四）节温器的检查

准备好节温器和透明电热壶，电热壶若无温度显示，还需准备温度计或可以测量温度的万用表。

观察当冷却液温度低于_____℃时，主阀门关闭，副阀门开启；当冷却液温度高于_____℃时低于_____℃时，主阀门渐渐打开，副阀门渐渐关闭；当冷却液温度高于_____℃时，主阀门完全打开，副阀门完全关闭。

（五）冷却风扇的检查

查找实训发动机的冷却风扇电路，根据电路检查。

（1）断开发动机ECU插接器，将点火开关置于ON位置，散热风扇_____（运转/不运转）。

（2）检查ECU和冷却风扇ECU之间的线束和插接器，测量其阻值_____Ω。

（3）将风扇插接器端子_____连接蓄电池正极，将风扇插接器端子_____连接蓄电池负极，散热风扇_____（运转/不运转）。

（4）将点火开关置于ON位置，测量+B1和E1之间的电压应为_____V，若电压正常，则更换冷却风扇ECU；当+B1和E1之间的电压不正常，依次检查相关继电器、熔断器、插接器、线束及搭铁，故障原因是_____。